一句

1句话胜过100个销售高手

尹雨诗　汪豪◎著

封神

电子工业出版社

Publishing House of Electronics Industry

北京·BEIJING

编　辑　说　明

◎为了客观呈现新媒体的"真实面貌"，对于一些当前十分流行但不符合出版规范的网络用语，本书采用语义相近的词语进行替代。

◎为了真实呈现互联网语境下的语言表达习惯，书中的部分内容，特别是在新媒体中常用的各种形象化词汇，尽可能"原汁原味"地保留约定俗成的表达方式，文中不再赘述。

◎为讲述内容的需要，本书不可避免地提到了一些品牌或产品的文案，仅用于学术研究和交流，版权归权利人所有，由于无法第一时间与权利人取得联系，如有不当之处，请第一时间与我们联系，在此真诚致谢。

◎本书提到的品牌或产品，并不意味着本书作者和出版社绝对认可这些品牌或产品，更不构成对任何人的购买或投资建议。市面上的每一个品牌和产品，既有其相对优点，也有其难以克服的不足，需要读者朋友自行判断。

祝你"一句封神"
——巧妙的语言，是成交的艺术

一

成交的本质是什么？

成交是需求和供给完美匹配的结果。人们的需求有长期不变的部分，也有随着时代的变化不断变化的部分。相应地，企业的供给既要满足消费者长期不变的需求，也要不断创新，满足消费者不断产生的新需求。

所以，不断提升产品的品质，获得消费者的信任，是企业得以生存和发展的基础；而不断创新，是企业得以在不断变化和竞争日益加剧中立于不败之地的进化之旅。

二

如何才能促进成交呢？

在使用产品或者体验服务之前，消费者对产品或服务是一无所知的，所以让你的消费者知道你、对你产生好奇并有购买的欲望，是第一要务。

让消费者知道你，需要的是曝光；而让消费者对你产生好奇和欲望，则需要内容的设计。在内容电商盛行的今天，语言成为实现成交的最佳工具。

所以，商业中的语言能力变得尤其重要，于是也就有了这本书的写作初衷。

三

在世界语言中，汉语是最为博大精深的语言之一，每一个汉字都蕴藏着丰富的文化和意义。因此，如何利用好每一个汉字，形成传播产品和服务的最佳语言，是企业在和消费者沟通及促成成交的环节，需要加强学习的。

在对语言的学习和运用过程中，写作是提高语言运用能力的主要途径，从小学、中学到大学的学习，写作都贯穿其中。所以，一旦我们拥有扎实的写作能力，也就有了运用汉字表达完整意义的能力。

四

如果说学校的写作课程是让我们根据一个主题来表达完整的意义，那产品或服务传播中的"写作"，就是让我们围绕如何达成销售来进行"写作"。每一次的"写作"，都凝练为一个销售主题。主题是"写作"的核心，也是影响目标消费者是否会停留的关键因素。

在实际工作中，在为产品和服务进行"写作"时，每一个相关人员都是"写作者"。创始人需要通过项目计划书吸引投资人和组建核心团队，人力资源部门需要通过招聘广告吸引优秀的专业人才，市场部门需要向渠道商和经销商推介产品和服务，直销部门需要直接向消费者推销，以促成购买……

五

当下的竞争，既是系统的竞争，也是在和消费者接触的每一个触点的资源争夺战。尤其是互联网的渗透不断打破信息壁垒，人们越来越享受信息平权带来的现代技术文明。

在信息获取越来越便捷的今天，信息的传播不再成为决定竞争成败的关键，而是信息本身的文化和意义决定了消费者是否会为产品或服务买单。

所以，语言的应用能力和水平，再一次成为商业竞争的关键。

六

中国市场经济的发展，伴随着语言在市场竞争中的应用和发展。近 30 年来，语言的应用与创新为商业文明增添了美丽的色彩，赋予了商业竞争不一样的魅力。

特别是经由广告传播的放大，有很多广告语全国人民耳熟能详，如南方黑芝麻糊的"一缕浓香一缕温暖"，李宁的"一切皆有可能"，王老吉的"怕上火喝王老吉"，恒源祥的"羊羊羊"，OPPO 手机的"充电 5 分钟，通话 2 小时"，小米手机的"为发烧而生"……

这些简短却极具销售力的文字，帮助企业在激烈的竞争中脱颖而出，用"一字千金"来形容毫不为过。

七

可以说，人们的每一次思考都会在世界文明的某个地方留下痕迹，每一次利用语言进行的创新创作，都会为文明增添新的意义。

每天，都有无数人通过语言的应用，为商业创造不一样的价值。语言成为企业参与市场竞争的一个工具，甚至是利器。在某种程度上，可以说谁掌握了这一利器，谁就掌握了在当下市场竞争中胜出的秘诀。

在竞争越来越激烈，各种所谓的红利不断消失的今天，或许企业可以通过学习和提高，享受语言带来的红利。

八

这本书，是献给渴望在商业竞争中胜出的大家的一本工具书，从中可以学习和领会语言带来的商业价值。

作者试图通过对近几十年来出现的商业文案，更多的是广告标题或广告语，进行全面和细致的分析，归纳总结常用且有效的句式，让每一个想要运用语言打动客户的创作者，都能活学活用、信手拈来，助力商业变现。

所以，这不是一本理论书、专业书，这本书更像一本有销售力的"句式"的合集、一本具有实效的工具书。希望大家翻开此书的每一页，都能在语言的运用上有所启发，打开商业和营销思维，找到打开消费者心锁的钥匙，实现快速成交。

九

无论企业面对目标消费者，营销策划人员面对受众，还是销售人员直面顾客，工作的核心都是争取他们的信任和喜爱。

这本书的书名无论对企业的营销战略规划、营销策划人员的策略制定，还是对销售人员的销售话术编写而言，都是一个美好的期望和祝福。

希望通过对具有销售力的语言、句式的学习，加上对市场的洞见和商业智慧的把握，让企业推广的产品或服务在竞争中胜出，获得消费者的青睐。

祝你"一句话，快速成交"。

目
录

1 > "爱……"

世界上最动人的三个字是"我爱你"。

优秀的文案深谙这个道理，要打动消费者，就告诉他我们爱他。

要不就告诉消费者，如果你爱对方，那么你就应该怎么做；如果你想知道对方爱不爱你，那么你看看对方有没有为你做什么。

而这一切，最终都是为了引导消费者购买我们的产品。

爱她，就请她吃哈根达斯。

——哈根达斯冰激凌

情话都是学来的，但爱你是真的。

——杜蕾斯"520"文案

我爱你不后悔，也尊重故事的结尾。

——电影《前任 3：再见前任》

为你做的每件小事，都是爱的证据。

——潘多拉

我做事三分钟热度，却也爱你那么久。

——珍爱网"520"文案

每个惊喜背后，都是开不了口的我爱你。

——唯品会《开不了口》

他忘记了很多事情，但他从未忘记爱你。

——央视"孝敬父母"《打包篇》

即使满身是刺，也会有人想尽办法去爱你。

——Erste Bank & Sparkasse 圣诞节公益广告

你问我最爱你哪种样子，我最爱你不"渣"的样子。

——飞利浦

"吻"是爱情最共通的模样，是世界上最安静的我爱你。

——伊利畅轻酸奶"520"文案《相爱难得》

2 > "别/不要/戒……"

> 听我们的，别做傻事。
>
> 我们会告诉你什么是真的，什么是假的。
>
> 广告塑造的是一个虚拟世界，它只存在于虚幻的广告梦境。
>
> 在人们要我们怎么做的时候，广告告诉你别怎么做。
>
> 听我们的，别那样，不要那样，把该戒掉的都戒掉，你只要买我们的商品就对了。
>
> 我们不随波逐流，去做不一样的事吧。

不要太潇洒。

——杉杉西服

别赶路，去感受路。

——沃尔沃 XC60

别把愿望，等成遗憾。

——京东金融

别动手，有话好好说。

——Aptira 中文语音输入系统

别浪费生活这个摄影棚。

——魅族 Note 8

别把你们的相遇交给命运。

——凌仕香水

别说你爬过的山，只有早高峰。

——宝马 MINI

别让你的品位，配不上你的房子。

——世欧王庄楼盘

不要去冒险，胆小就不会有危险。

——陌陌《就这样活着吧》

别让两千元以下的风，吹过她的头发。

——吹风机（京东电器）

别给孩子讲故事，陪他发生点故事。

——林氏木业

别在清爽的年纪，活成油腻的样子。

——飞利浦新年礼盒套装

别把酒留在杯里，别把话放在心里。

——泸州老窖父亲节文案

别忙着抵挡生活的耳光，醒一醒，你的天真。

——电影《哆啦A梦：伴我同行》

别伪装，感受真实。

——费洛蒙香水

不要穿着21世纪的高跟鞋，走着20世纪老奶奶的路线。

——台湾意识形态广告公司

不要让我们的孩子只能在博物馆里才能见到今天的动物。

——动物保护组织

3 > "别人……（我/自己）……"

> 别人是别人，我是我。
>
> 每个人都在努力活成别人想成为的人，当每个人都在活成那个人的时候，就会在不经意间试图问自己到底想成为什么样的人。
>
> 于是，文案（人员）找到了拨动心弦的文案。
>
> 在我们的眼里，你是不一样的，因为你原本就不一样。
>
> 当所有人都这样对待你时，我们对你会不一样。
>
> 你喜欢和喜欢你的人在一起，你喜欢和懂你的人在一起。
>
> 我们就是喜欢你的人，我们就是懂你的人。
>
> 我们就是那个品牌。
>
> 是的，很多时候，我们的朋友还不如一个品牌了解我们。

读懂书中的别人，找到本真的自己。

——QQ 阅读《读自己》

看别人的脸色，不如看自己的好气色。

——三草两木（护肤品牌）

别人看到你的成就，我们看到你的奋斗。

——奥迪 A6L

别人只看到我很惨，我却明白自己的使命感。

——钉钉《创业很苦，坚持很酷》

别人看到的是满地的六便士，他却抬头看见了月亮。

——京东图书

跨出别人指定的路线，自然（会）到达别人到不了的地方。

——Timberland

你只需喝着哈啤，看别人成功。因为轮也轮不到你。

——哈尔滨啤酒

为别人奔波了大半生的路，从今以后的路为自己而走。

——Jeep

如果连幸福的模样，都要和别人一样，那人生该多无趣。

——JONAS & VERUS 七夕节文案

最讨厌别人劝我从良了，从小到大，年年都是优，你叫我怎么从良？

——电影《后会无期》

我不在乎别人怎么说，我从来没有忘记我对自己的承诺，对爱的执着。

——台湾黑松汽水

4 > "不……（才）……"

人们都在说的，不一定对；你深有体会的，才是对的。

这样的句式，会让我们反省我们已有的认知。

如果我们觉得，我们已有的认知似乎是一种谬误，那就对了，让我们和品牌一起重建真知吧。

久而久之，品牌就成了人们的导师。

广告也是一种教育，品牌在扮演着老师的角色。

输不丢人，怕才丢人。

——钉钉《创业很苦，坚持很酷》

心不妥协，行不受限。

——路虎

现实不可怕，接受现实才可怕。

——红星二锅头

迷失了，不慌张；偏离了，才好奇。

——新秀丽

艾滋病并不会致死，贪婪和冷漠才会。

——艾滋病防治组织

30 岁不可怕，日复一日的 30 岁才可怕。

——金立手机《战胜 30 岁焦虑》

5 > "不……只……"

我不关心其他，我只关心我想关心的。

我不在乎任何人，我只在乎我梦里出现的人。

不是只有权贵在乎的才是主流，普通人在意的才是真实。

广告有意形塑一种意识流，从人类发展的角度来说，这种意识流可能是正面的，也可能是负面的。

不论如何，只要品牌的目标顾客接受了，文案的目的也就实现了。

好的文案创作者，都是好的"传教士"。

不见身家，只见家。

——山外山地产

只看风景，不问脚下。

——Jeep

不选贵的，只选对的。

——雕牌洗衣粉

只溶在口，不溶在手。

——M&M巧克力豆

我不做梦，我只行动。

——互联网女装品牌 Artka《光复单身，为梦而行》

三围只是（在）买衣服时的尺寸罢了。

——NIKE WOMEN

世界不看你多努力，它只看实力。

——方太极火直喷燃气灶

不在乎天长地久，只在乎曾经拥有。

——铁达时手表

我们不生产水，我们只是大自然的搬运工。

——农夫山泉

对于未来，我一点儿也不担心。因为时光会把我变得更好。

我只担心一件事，就是死前没有把这个世界看完。

——OPPO Ulike2《Molly 篇》

我不是一个记者，我只是喜欢亲近身边可爱的人。

我不是一个摄影家，我只是喜欢捕捉生活中每一点感动。

我不是一个作家，我只是喜欢用文字记录灵感的冲动。

——《北京晚报》"我是一个北京人"

6 > "不必……"

没有什么是必需的，我们在人间走这一遭，并不是来重复谁的路，或者走所谓的看起来应该走的路。

如果你这样想，那么就对了，因为我们写文案就是要让消费者这样想。

所有人都要求你要这样、要那样，我们的品牌不会这样，因为你承受的已经太多了，你不必承受那么多。

品牌有意在扮演我们的一个朋友，一个温暖的港湾，有时也可能是一个温室。

当我们觉得人人都在苛求我们的时候，品牌总会适时地给我们呵护。

那么，在写好一篇文案之前，我们可能要先学会怎么体贴身边的人。

有时候，是不是"以退为进"会更好。

不必拥有车，但可以使用车。
——滴滴

年轻人的动人之处，就在于他不必活成你所期待的样子。
——JONAS & VERUS 时装表"双 11"文案

不必为了荣誉，不必为了出名，也不必为了秀给男生看，不必为了引人注目，不必做得很完美，不必非得学谁的样子，不必走老套路……

——耐克《不必再等四年》

他不必再搏一枚总冠军戒指，他不必在打破 30000 分纪录后还拼上一切，他不必连续 9 场比赛都独揽 40 多分……

——耐克《卷土重来》（纪念 2013 年科比复出）

你不必把这杯酒干了，你不必放弃玩音乐，你不必改变自己，你不必背负那么多，你不必成功。

——京东《你不必成功》

7 > "不凡/非凡/不平凡……"

平凡与不凡。

人人皆平凡，人人皆不平凡。

总有一些时刻，每个平凡的人都梦想活出不平凡的自己。

那么，就让广告带给受众这样的虚幻的满足感吧。

只要你喜欢，文案就这么写。

不平凡的爱。
——国际铂金协会

不平凡的平凡大众。
——台湾大众银行

生活，没有平凡时刻。
——宜家

因为不同凡响，才能改变世界。
——苹果公司

没有退路的道路都是不凡之路。

——勇闯天涯 superX

只有平凡的人，没有平凡的人生，凡事不平凡。

——诺基亚 Lumia

何为荣耀？光明磊落，成就非凡！

坚持心中所想，不为世俗所动，在积极进取的成功过程中，造就每一次卓越，令同伴甚至对手心生敬意。

这就是荣耀所在，这就是骑士精神。

——芝华士威士忌《骑士精神》

8 > "不管/不论/无论……"

> 我总有我的想法，不管世界怎么看我。
>
> 我不会轻易放弃自己，不论人们怎么诋毁我。
>
> 我总会到达我想去的地方，无论这条路有多艰难。
>
> 无论如何，人们心中都有一种坚毅的力量，支撑我们活在人世间。
>
> 文案应该看到这种坚毅，去撩拨它，让人们因此与品牌产生共鸣。
>
> 看起来最坚硬的地方，往往是最柔弱的地方。

注定要去的地方，不管多晚都有光。
——夜猫子啤酒

不管相隔多远，我们的心没有距离。
——心相印纸巾

不管大包小包，能帮我省钱的就是好包。
——台湾全联超市

无论世界如何急（亟）不可待，我，就是自己的风景。

——雷克萨斯《好戏将至》

不论反对的叫喊如何喧嚣，美好的或伟大的，总会流传于世，该存在的总是存在。

——凯迪拉克

9 > "（与其）……不如……"

> 与其坐等风来，不如扇动翅膀，去制造一阵风。
>
> 人们总在两者之间做出判断和选择。前进还是后退？张扬还是收敛？保守还是革命？伟大还是平庸？
>
> 广告作为一种精神层面的诉求，往往能影响天平两端的平衡。
>
> 让我们的文字给人们带来一种正能量，让人们勇敢地做出积极的选择，让这个世界永远充满希望。
>
> 每个人都喜欢正能量的东西，让广告成为一种正能量。

与其向往，不如出发。

——OPPO

有钱有势，不如有范。

——有范 App

等风来，不如追风去。

——《奇遇人生》

天马行空，不如和我去仰望星空。

——宝马 MINI

与其在别处仰望，不如在这里并肩。

——腾讯微博

新飞广告做得好，不如新飞冰箱好。

——新飞冰箱

与其原地回忆惊天动地，不如出发再次经历。

——路虎

10 > "不是……是……" "是……不是……"

> 我们的一生都在做判断，我们随时随地都在做判断。
>
> 文案通过做判断引导消费者指向某一种观念，而这种观念是品牌希望与之产生关系。
>
> 这种观念也许已经潜伏在目标受众心里，那我们就将它公之于众。受众不会怪我们，他们会因此喜欢我们。
>
> 优秀的文案，总能说出目标受众的心声。
>
> 优秀的文案，就是现实中的心灵捕手。

我不是在等雨停，我是在等你。

——江小白情人节文案

不是肚子饿，只是嘴巴很寂寞。

——邂逅下一站"邂逅美食"

自然不是远离文明，而是远离喧嚣。

——荷塘月色楼盘

不是我戒不了酒，是我戒不了朋友。

——红星二锅头

不是我离不开手机，是我离不开你。

——中国移动《母女篇》

不是一个人的王者，而是团队的荣耀。

——王者荣耀

伟大的反义词不是失败，而是不去拼。

——耐克《活出你的伟大》

马蹄声响，在意的是归人，不是过客。

——方太《云水有相逢》

最刺眼的不是阳光，是路人羡慕的眼光。

——新百伦《尽管去跑》

我找的是另一半自己，不是搭帮过日子而已。

——雀巢

不是将就不了这个世界，我是将就不了我自己。

——JONAS & VERUS 时装表七夕节文案

耽误你的不是运气和时机，而是你数不清的犹豫。

——江小白

有时吃一口，就泪流满面。不是因为辣椒太辣，而是因为家乡太远。

——每日优鲜

11 > "不是所有的……都……"

不是所有的爱,都会被人理解。

不是所有的恨,都会得到宣泄。

而广告则能给我们一个虚拟的现实,借助广告,我们被理解;借助广告,我们得以宣泄。

不是所有的泪,都是一种痛苦。

我们理解你,因为我们和别人不一样。

我们是文案。

不是所有的牛奶都叫特仑苏。

——特仑苏牛奶

不是所有的锋芒,都会因功成而钝化。

不是所有的意志,都会因尊崇而退化。

不是所有的刚毅,都会因奢华而软化。

不是所有的雄心,都会因财富而老化。

——凯迪拉克

12 > "不一定……（也可以）……"

不要那么确定，不要那么绝对。

让心中随时充满一种新的可能性，这样我们的人生会更丰满。

思维方式是可以变的，生活方式是可以变的，人生观也是可以变的。

那么，在你已经习惯了因为某一种原因而选择的某一个品牌时，你不妨考虑一下我们这个新的品牌。

不一定你喜欢的，就是你喜欢的。

你憎恨的，也可以是你喜欢的。

在文案的笔下，什么样的逻辑都是正确的逻辑。只要你把它写出来，把它和品牌的特性形成关联，然后把它说出去，它就成了人们不自觉地去领会的似乎原本是真理的逻辑。

相信，写出下面这些文案的人就是这么想的。

没人上街，不一定没人逛街。

——天猫

最懂你的人，不一定认识你。

——豆瓣

男朋友，不一定比这个水壶更懂你。

——智能水杯（京东电器）

独处不一定酸楚，也可以和自己相处。

恋爱不一定甜到醉，也可以加点小趣味。

较劲不一定是坏事，也可以是一起变美的本事。

剩女不一定是剩下的人，也可以是剩下的时间等合适的人。

——百雀羚水光弹润系列

13 > "才（是/能）……"

重新思考什么才是你想要的。

文案就是要引导受众重新思考，只要受众一思考，广告就开始见效。正如人类一思考，上帝就发笑那样。

要让受众认为，原来他们都被蒙蔽了，原来他们都迷失了方向。

作为一名文案，品牌的不一样的方向，就是我们要大肆描绘的方向。

你关心的才是头条。
——今日头条

自己认为最好，才是最好。
——女性购物网站 PayEasy

微观才是我们可以有所作为的。
——查理·芒格

柴米油盐酱醋茶，平平淡淡才是真。
——中国俗话

把最喜欢的事情做到最好，才是胜利。

——耐克《胜利者》

脸美是先天的，妆美才是我的自我表达。

——淘宝《造物节》

感恩所有逝去的伟大，你们从人间路过，才让这世界繁花似锦。

——魅族科技感恩节文案

当喇叭声遮盖了引擎声，我们早已忘记，谦谦之道才是君子之道。

——别克君越《新君子之道》

14 > "除了……"

珍惜我们所拥有的那些特别的人和事物,因为除了它们,我们就一无所有了。而我们也总能给予身边的人或事物一些特别的东西,这些东西是我们身处于这个环境中的特别价值。

每个人都可以很特别,每件事都可以很特别。在每个人的内心中,自己都是特别的。那就让我们的文字唤醒他们特别的心,让他们做特别的事,成为特别的自己吧。

在我们的文案中,除了我们"除了"的,其实没什么是值得我们关注的了。广告是一种传播,文案是一种提醒。

除了汗水,什么水都不要浪费。

——耐克

我跟你除了恋爱,没什么好谈的。

——珍爱网

我们家不爱花钱,除了为爱花钱。

——台湾全联超市"经济美学"

年轻时我想变成任何人，除了我自己。

——网易云音乐用户评论

在北京，除了你自己，没有人知道你几斤几两。

——《北京女子图鉴》

除了你自己，没有人会为我们的国家牺牲奉献。

——新加坡兵役宣传

15 > "从不……"

坚定地表明我们的观点和态度。

我们需要一种来自内心的力量，支撑我们一步步成为我们想要的样子。

用我们的文字替消费者喊出内心的声音，广告人应该为正义、希望和光明摇旗呐喊。

广告所创造的不只是经济价值，更是社会价值，对于那些象征着我们的身份、品位和价值观的商品/品牌来说更是如此，就让我们的文案来替消费者代言吧。

从不预测未来，我们创造未来。
——凯迪拉克 XTS

25 岁以后，我从不告诉别人我感到孤单。
——光荫茶语

从来不许你骄傲，却从不掩饰你是他的骄傲。
——长安汽车父亲节文案

从不畏惧死亡，只是不甘心草草离场。

——凯爵啤酒

16 > "从前/以前/那时/曾/古……今/如今/现在……"

> 每个人都知道我现在的样子，有人知道我从前的样子吗？
>
> 从前的故事总是让人难以忘却，现在的样子总是让人不禁感慨。
>
> 你难以忘却的，就成了文案用来撩拨你的机会；你不禁感慨的，文案就不断用它来刺激你。
>
> 你不心动，你不感动，品牌就没有可乘之机。
>
> 文案就在过去和未来之间，寻找一个可以将商品和你的情感搭上关联的触点。

古有千里马，今有日产车。
——日产

从前羞于告白，现在害怕告别。
——江小白

我们曾共有过去，如今却各有未来。
——江小白《写给前任》

从前只在意温饱，如今更在乎房价多少。

——凯爵啤酒

以前什么都无所畏，现在什么都无所谓。

——红星二锅头

曾经仰望的行业巨头，现在成了竞争对手。

——钉钉《创业艰苦，坚持很酷》

那些曾经无所谓的，都因为时光，变得很在乎。

——《歌手》

那时，作业总向你请教；现在，余生请多多指教。

——网易云音乐用户评论

以前，变化是生活的一部分；现在，变化成了生活本身。

——和菜头

17 > "当/在……时"

会讲故事的人，总会先设定一个时空，将听故事的人抽离出当下的时空，清空大脑，再将他装进一段与自己无关的离奇经历。

文案作为说服消费者的一种语言，要让消费者认真听并且把我们的故事装进大脑，势必也要设置一个时空场景。

（当）不被看好的时候，更要好看。

——天猫国际&全球高能精华品牌

当我们在一起时，我们都更强大了。

——匡威

当时代走得越快（时），做作品就要越慢。

——青岛啤酒《好事不怕晚》

当贫穷从门外进来（时），爱情便从窗口溜走。

——杜蕾斯

（当）没有人相信你的时候，你一定要相信自己。

  ——阿迪达斯《吉尔伯特·阿里纳斯篇》

在你落水的时候，会狗爬式的伙伴一无用处。

  ——拉希尔国家银行

（当）你玩手机的时候，很美，你看着我的时候，最美。

  ——魅族手机

当你确定要为梦想努力时，它就从不是生活的妄想。

  ——沪江网校

当我回首过往的日子（时），我感受到的都是一种不安全和不稳定的气氛，就像一个小小的粉刺，就能压倒性地让我丢失生活的秩序。

  ——淘宝女装品牌"步履不停"（原出处是《玛丽莲·曼森语录》）

18 > "第一次……"

在所有的话语中，除了"我爱你"，应该就是"第一次"最能触动人心了。

所有的第一次都是记忆最深刻的，我们谈论得最多的都是第一次，很少有人谈论第二次。

要触动消费者，就提他的第一次吧，每个人的第一次都是最有感触的一次人生经历。人们不会厌烦你提及他的第一次，无论如何，那也是初心的表现。

同样地，如果一个品牌能成为消费者使用的某种产品的第一个品牌，那么这个品牌也是不可能被忘记的。

那么，就用我们的文案让我们的品牌成为消费者的第一个品牌吧。

造成我第一次失恋的是你。

——中兴百货父亲节文案

第一次干杯，头一回恋爱。

——力波啤酒广告歌

每一次我看到她，都像是第一次。

——电影《死侍》

我是第一次 20 岁，也是最后一次了。

——未明出处

第一次和父亲喝酒，喝的是小时候父亲在家里喝的那种酒。

——吉乃川《东京新潟物语》

19 > "反问"

没有什么更能比"反问"更能激起人们的思考了。

反问，能让人重新思考一个曾经有确定答案的问题。重新思考可能会使人更进一步确定原有的认知，可能会使人产生一个新的方向，也可能会使人否定原有的认知。

结果并不是最重要的，文案的意图只在于在你思考的那几秒内趁机进入你的思想之中。

任何时候，你想要堵住别人的嘴，开动他的大脑，你就反问他好了。一个反问不够，就来一连串的反问。

不过，在文案中，一连串的反问还不常见。

你在下一次写文案时，可以试试。

这一杯，谁不爱？
——瑞幸咖啡

未曾经历，如何懂得？
——诗玛表

没被天空评价过，算什么翅膀？
——腾讯视频《怒晴湘西》

你连世界都没观过，哪来的世界观？

——电影《后会无期》

谁的一生相伴，不是一生相互为难？

——BLOVES《写给失恋人》

吃都吃得没滋没味，怎能活得有滋有味？

——大众点评

人生各自精彩，谁说人生是一场马拉松的？

——Recruit Point（日本第一大人力集团）

偶像的光芒，何尝不是源自你手中的点点星光？

——腾讯音乐

你以后想成为什么样的人呢？

什么意思，我难道不能成为我自己吗？

——湖南卫视《花儿与少年》

大人都说（小）孩子的天空无限宽广，难道大人和小孩子的天空不一样吗？

——几米《我的错都是大人的错》

爸妈都希望我走一条更平坦的路，但谁又愿意，有一个被安排的人生呢？

——JONAS & VERUS 时装表"双 11"文案

20 > "改变世界……"

如果说，人为一件大事而来，那么每个人的心中都是有一种英雄情结的。

活在这个世界上，要么默默无闻，要么惊天动地，要么接受被世界改变，要么勇敢改变世界。

用文字激发人们心中的英雄气概，让他们与众不同。尤其是对于年轻一代，他们需要通过冲破世界的枷锁证明自我，他们也需要改变已有的规则争取自己想要的东西，他们需要正能量，需要"打鸡血"。

让文案的文字成为伴随年轻群体向前奔跑的火炬或加油声，让他们激情燃烧，勇往直前，改变世界。

用想法改变世界，只要你想。

——联想

每一个生命来到世间，都注定改变世界。

——《2001—2018，罗永浩的文案营销史》

我改变不了这个世界，改变自己容易一些。

——泰国 SPA MILK SALT（牛奶去角质浴盐）

只有那些疯狂到认为自己可以改变世界的人，最终改变了世界。

——苹果公司

因为不同凡响，才能改变世界。

——苹果公司 "Think Different"

21 > "故事……"

我的故事，你的故事，我们的故事。

人们总是喜欢听别人的故事，人们总是有自己不外宣的故事。

要打开受众的心扉，让他们流露真感情，就去挖掘他们心里的故事。

如果一个人愿意和你讲他的故事，那么他的心已经向你敞开了，他的心已经接纳你了。

品牌的终极目标，就是走进受众的心里。文案就是打开心门的钥匙，撬开心扉的铁锹。

没有故事，不成人生。

——Jeep

没有酒，说不好故事。

——红星二锅头

用爱情打败现实，用故事温暖城市。

——电影《北京爱情故事》

谁心里没有故事，只不过学会了控制。

说不出的事叫心事，留不住的人叫故事。

——江小白

22 > "故乡……"

> 常常梦回的地方，那就是故乡。
>
> 故乡的方向就是心的方向，所谓身在他乡，心在故乡。故乡有我们温暖的一切，故乡总能让我们浮想联翩。
>
> 除了爱情和亲情，故乡之情是人们心中最浓烈的情感。通过乡情激发受众的情感，让受众透过我们的文字获得理解、支持和鼓励的力量，以获得他们的好感，走近我们的品牌。

在天铂，他乡即是故乡。
——红星地产

离开，你变成外乡的大人；归来，你变回故乡的孩子。
——微信红包春节广告

这座城市不是我的故乡，却有我的主场。
——某地产项目

故乡眼中的骄子，不该是城市的游子。
——某地产项目

过去总是张望远方，当你走在路上，却时时回望故乡。
——Infini Studio & 今日头条《2017 我的家乡头条》

23 > "过/好过/胜过……"

人们总是喜欢比较,在比较中选择更好的。

然而所谓人生不如意事十之八九,我们总是被迫接受我们不满意的事物和结果。而广告的场景是杜撰出来的,我们可以渲染积极的正能量,鼓励人们在人海中稍微努力一点点。

你可以接受现实,也可以放弃努力,但是你可以做出一点点尝试,好过什么都不做,最后留下遗憾。

文案不是要勉强受众,文案只需撩拨他们。只要文案写得好,人们就可能做出文案中暗示的决定。

甜过初恋。
——橘子广告

一点改变,好过一成不变。
——京东白条

走过一些弯路,也好过原地踏步。
——江小白情人节文案

两个人的浪漫，胜过千万人的狂欢。

——世纪佳缘"双 11"文案

哪怕万劫不复，也胜过人海孤独。

——凯爵啤酒

活在云里、雾里，总好过活得云里雾里。

——快手《家乡好货》

追不到，长夜尽头的光。

也好过，只躺在青春的幻想里。

——腾讯视频《创造 101》

24 > "还是……好"

比来比去，还是某某好；选来选去，还是某某好。

比较和选择是很累人也是很令人烦躁的事情，那就在广告里"假装"我们已经为受众比较和选择过了。

每个人都有他的选择标准，我们不需要每个人都相信文案的"选择"，只要我们的"选择"能给受众一丝暗示，能在他们做选择的时候起到一点点作用，也就是好文案了。

在生活中，如果我们听见谁说"还是某某好"，我们多少都会听进去一点，因为这意味着说的人已经反复验证过了，不然他不会这么说。

营养还是蒸的好。

——真功夫

越大越觉得，还是小的时候好。

——京东电器

Think small.（想想小的好处。/想想还是小的好。）

——大众甲壳虫

25 > "回家……"

家是一个再温暖不过的字眼，回家就是一句口号。

文案需要找到触动和刺痛受众的字眼，而"回家"对每个人都很管用。

关于"回家"的主题，对不同年龄、不同阶层的人来说，都能找到一个切入点。

而生活中所有的商品，都或多或少能和家找到联系，特别是房产、家居、汽车等商品，都是直接为家而设的。

夜深了，打个电话回家。

——富邦文教基金会

出来混，迟早要回家的。

——奥迪春节广告

离开了家，就开始回家。

——苏州"归去来"楼盘

看过世界的人，最想回家。

——某地产广告

留一盏灯给最后回家的人。

——宏福文教基金会

这一生，我们都走在回家的路上。

——央视春节公益广告《回家篇》

高高兴兴上班去，平平安安回家来。

——公益广告

女儿的出嫁不是离家，而是把更多的家人带回家。

——宜家

全省 164 个家，欢迎您随时回家。

——三菱汽车

26 > "今天……明天……"

今天和明天不同，无论今天怎么样，明天都让人充满无限想象。

然而，今天和明天却不能分开，今天是明天的开始，明天是今天的演变。没有今天，就没有明天；之所以有明天，是因为有今天。这是很简单的道理。

今天和明天，这和我们自身关系密切；今天和明天，蕴含着简单却无可辩驳的道理。所以，用这样的句式来说服消费者，很简单，很有效。

今天我写下的这些字，明天就成了我用心活着的证明。

明天你看见的这些话，是因为今天的我抑制不住地想和你分享。

谢谢你看到这里，谢谢你并没有拒绝。

今天永远比明天年轻一天，珍惜今天。

——《锋味》

今天拼到很晚，明天的坎才不会那么难。

——劲酒

今天的流行，明天的古典。

——台北爱乐古典音乐电台

如今共苦，迟早同甘。

——红星二锅头

别让今天的应酬成为明天的负担。

——解久益

今天对我爱理不理，明天让你高攀不起。

——未明出处

27 > "就/就要……"

表达一种简单和直截了当的欲望或想法，不用委婉、修饰或伪装。

懂的人自然懂我，不懂的人我不想去解释。这是年轻人的自然态度。

和年轻人取得共鸣的一种很好的方式，就是不要把事情搞复杂，请直来直去。

就是这样。

你怎样？

我就喜欢。

——麦当劳

年轻就要醒着拼。

——东鹏特饮

开心就要咔滋咔滋。

——德克士

我就喜欢你看不惯我又干不掉我的样子。

——锤子科技

28 > "就算/即使/纵然/纵使……也……"

> 放下一切，才能面对周遭的一切。
>
> 就算遭遇所有的不公与委屈，也会笑着面对每一天。
>
> 在文案塑造的世界里，人们总是那么豁达和开朗。没有什么能打倒我们，没有什么能让我们放弃自己。
>
> 我们坚守着最初的梦想和信仰，纵然这个世界再多薄情，我们也一直活出深情的样子。
>
> 看，文案这么苦的职业，面对那么薄情的甲方，我们笔下的文字依然那么的深情。

即使扑街，也要有梦。

——智能枕头（京东电器）

就算是家人，也要继续当恋人。

——BenQ 明基投影仪

爱情纵使崎岖，还是值得干一杯。

——喜力啤酒情人节文案

就算你衣食无忧，也觉得你处处需要照顾。

——丸美眼霜《眼》

即使满身是刺，也会有人想尽办法去爱你。

——Erste Bank & Sparkasse 圣诞节文案

喜欢这种东西，捂住嘴巴，也会从眼睛里跑出来。

——网易云音乐用户评论

纵使生活教我们认清了它的真相，它依旧值得，我们去爱的（得）热泪盈眶。

——Innokids

即使跟父亲再少交谈，他的一举一动仍是我们心头对男子汉的永恒形象。

——中兴百货父亲节文案

纵然明知道会遍体鳞伤，也要舍生忘死地爱一场。
毕竟，这样才算不负时光。

——凯爵啤酒

29 > "就像……"

当我们不想把道理说得太生硬的时候，我们就做个比喻吧。

比喻会让我们表达的意思更加形象，更能让受众理解，更幽默或富有趣味。毕竟，我们自己也不愿意听死板的教导。

特别是当我们描述的是一种新事物或新观念时，与其直接阐释它，还不如将它和我们生活中熟悉的事物做比喻，这样就容易被理解和接受了。

文案是文字的魔法师，文字在我们的笔下可以千变万化。只要受众能明白我们的意思，并且乐意接受我们的诉求，那有什么不能写的呢？

做人就像剃须，进退都得拿捏好分寸。

——飞利浦

生活就像一面镜子，折射出不一样的自己。

——奥迪 TT

生活就像是一场重感冒，每个人都在等待一场治愈。

——999 感冒灵《总有人偷偷爱着你》

妈妈和我的关系就像师生。

小时候她教我走路，长大后换我教她忠孝东路怎么走。

——中兴百货母亲节文案

30 > "绝/绝非/永不/绝不/永远不……"

> 如此坚决，如此斩钉截铁，没有任何模棱两可或犹豫不决，以表达我们内心的某种肯定或决心。瞬间，一个果断和不容置疑的形象或观念诞生了。
>
> 人们总会对某种事物或观念坚定不移，这是生命的一部分，是存在的意义。而一个品牌要深入人心，也应该有明确的诉求和主张，才能成为受众尊重和信赖的品牌。
>
> 文案，也可以用掷地有声的文字，勾勒出铮铮的铁汉和不折不扣的英雄。

绝不放弃。

——褚酒庄园

奇迹，绝非偶然。

——美赞臣

摄影绝不是自动的。

——Olympus 3Ti

Keep moving.（永不止步。）

——安踏

广告人会迟到，但是绝不会缺席。

——广告人自嘲

加班"吃土"买大牌，绝不退步买山寨。

——网易考拉

一辆永远不会给你带来麻烦的汽车。

——富兰克林

事业我一定争取，对你我从未放弃。

——爱立信

爱美的女子，绝不能放过佰草集的肌本论。

——佰草集

喜欢这件事，永远不要等待一个结果，就可以一直喜欢下去。

——网易新闻《追光者》

31 > "没人/没有人……"

没有人会那样，你会那样吗？

这个问题会有两种答案，一种是没有人会那样，那我也不是懦夫，我也不会那样；另一种是没有人会那样，但是我就是不一样，我就是要那样。

不管你是哪一种，这样的语句都能激起你的强烈反应。

只要你有反应，文案就成功了。

没有人是工作狂，只是不愿意输。
——钉钉

人生逆袭靠布局，没人天生是咸鱼。
——电影《西虹市首富》

谁会愿意一个人，只是没人愿去将就一个人。
——JONAS & VERUS 时装表情人节文案

没人能拥有百达翡丽，只不过为下一代保管而已。
——百达翡丽

没有人能让你放弃梦想，你自己想想就会放弃了。
——UCC 咖啡"负能量系列"

32 > "没有……就/就没有……"

要强调某个人或某种事物的重要性或严重性，那"没有……就/就没有"这样的句式最合适了。

正如"没有共产党，就没有新中国"，我想，这应该是中国现代史上最强有力的宣传口号之一了。

这样的文案总是那么简单直接，铿锵有力，激荡人心。

好吧，没有我，你就看不到这些文字。

没有买卖，就没有杀害。
——动物保护机构

没有老师，你就读不懂这句话。
——中华好风尚

如果前方没有路，那我们就走出一条路。
——克莱斯勒

没有烟火气，人生就是一段孤独的旅程。
——烧烤纪录片《人生一串》

没有稳定的住处，就没有安排生活的话语权。
——江小白

33 > "没有……只有……"

任何一种观念要进入人们的大脑，都必须通过改变某一种既有的观念才能够实现。换句话说，只有打破旧的观念，才能建立新的观念。

正如想让汽车进入人们的大脑，就将它描绘成不用马的马车。

文案的根本是在受众大脑里建立一种与品牌有关的新的认知，这种认知必须和受众大脑里既有的某种东西建立起联系。而"没有……只有……"这样的句式，是在颠覆前者的基础上，让后者替代前者。

当然，受众的观念可能会被颠覆，也可能不会被颠覆。

没有最好，只有更好。

——澳柯玛冰箱

没有酒鬼，只有胆小鬼。

——朝日啤酒

没有好看的衣服，只有好看的身材。

——某健身机构

没有到不了的地方，只有没到过的地方。

——雪佛兰

没有过不去的坎，只有过不完的坎。

——钉钉

没有开不了的锁，只有面对不了的心。

——《滚石音乐爱情故事》海报

34 > "每……都……"

强调一种特别的意义，表达一种肯定的态度。

人生的每一个点滴都那么意义非凡，因为时空永远不会逆转。

受众的点滴体验非常重要，因为受众是企业生存和发展的根本。

而作为广告主，我们也希望自己一点一滴的努力和用心都被用户所感受到。

要让对方感受到我们的用心，或许不需要多说，细微之处见真情。

为你支付，每一笔都是在乎。
——支付宝

每一声 Daddy，背后都是责任。
——多芬父亲节文案

每一刻都是不会再有的好时光。
——好时巧克力

团圆的每一刻，你都可以留住。

——iPhone X 春节广告《三分钟》

每个时代，都悄悄犒赏会学习的人。

——尚德职业教育机构

每一个如果，都通往自由的目的地。

——亚洲航空《飞要自由》

每个问题背后，都是想做得更好的心。

——百度

每一份主张，都是创造者的本能渴望。

——《歌手》

每一个女孩，都要看清这个危险的时代。

——眼镜摄像机（京东电器）

用心花出去的每一笔钱，都是变美的本钱。

——蘑菇街

每个若无其事的转身，都是你看不懂的情深。

——江小白情人节文案

每一个好看的未来，都始于不被看好的现在。

——天猫国际

每一种选择都被信仰，每一个观点都自成流向。

——网易新闻

每个遇见的人，每一片风景，都可能此生不再遇到。

——新世相《凌晨 4 点的重庆》

每一种木材都有它的宿命，每个人也都该看清自己的来去。

——红星美凯龙《爱木之心》

每一次创作，都可能被欣赏，也可能被抛弃，我为什么在意。

——《歌手》

每一个你想逃离的地方，都有一个心怀梦想的自己站在原地。

——汇添富基金

在人类活动的每一个领域，得到第一的人都必须长期生活在世人公正无私的裁判之中。

——凯迪拉克《出人头地的代价》

35 > "每个人……"

有些东西不属于某一个人，而是属于每一个人，属于全人类。

上天对每个人都是公平的，我们拥有同样的阳光和空气，我们拥有跳动的脉搏，同样会流泪的眼睛和会笑的脸庞。

面对与我们一样的每一个人，我们会有博爱、同情和共鸣，我们能以己度人，换位思考，和全人类的脉搏一起跳动。

文案在写"每个人"的时候，其实也是在写"具体的一个人"。不过，要让受众接受我们的诉求，我们换成对"每个人"说，而不是只针对"他一个人"说，受众就不太会拒绝和逆反，更能接受。

每个人都是生活的导演。
——土豆网

每个人只能陪你走一段路。
——电影《山河故人》

每个人，都是一条河流。

每条河，都有自己的方向。

——网易新闻

每个人都会遭到攻击，但每个人最终也会拥有荣誉。

——凯迪拉克

茫茫人海中，每个人都为了自己而四处奔波。

——芝华士威士忌

生活不易，每个人都有一言难尽的故事，喝酒就是为了彼此诉说。

——红星二锅头

36 > "每天/每一天……"

一个时代是我们无法改变和控制的,一生的命运也是我们很难改变和控制的。我们能真真切切努力和感受的,就是每一天每一秒的生活,而每一天每一秒的生活构建了我们不同的生命年代,让我们在这个时代画出我们一生中的真实轨迹。

我们相信每一天,我们被当下的事物和时刻触动。我们改变不了任何事,我们可以改变这一天,呈现不一样的一天。

用文案和受众的"每一天"互动,这种互动会很真实。

爱,每天都需要快递。

——德邦快递儿童节文案

每一天,都要来点阳光。

——统一阳光豆浆

每一年,每一天,我们都在进步。

——联想

我爱这艰难又拼尽全力的每一天。
　　——朴树《空帆船》（电影《大三儿》宣传曲）

每天一点色彩，触动生活无限精彩。
　　——安利 AMWAY 化妆品

每天的夜生活，是想想下一个难关怎么过。
　　——招商银行信用卡《生活，不止期待》

每天早上，叫醒我的不是梦想，是梦想中的包。
　　——JONAS & VERUS 时装表七夕节文案

每天都在用六位数的密码，保护着两位数的存款。
　　——蚂蚁金服《年纪越大，越没有人会原谅你的穷》

追不上孩子的成长速度，所以每一天更要全力以赴。
　　——招商银行信用卡

每一天都像一块空白的黑板，去完成那些你没做会后悔的事吧。
　　——纽约新闻网 JORDAN ZASLOW 街头社会实验《人生最后
悔的事儿》

37 > "梦/梦想……"

文案中的"梦想",一是借梦想之名来触动受众,二是将品牌塑造为人们心中的一个梦想,或想要拥有的东西。

每天唤醒你的,不是闹钟,是你的梦想。

每次唤醒你的,不是那些耸人听闻的广告,而是广告中借以挑逗你的梦想。

梦想,总是和远方、挑战、自由、汽车、房子、尊严等名词联系在一起。用文案唤醒受众的梦想,激发他们勇敢追求更好的生活,成为更美好的自己,购买我们向他们推销的商品。

大众新梦想。
——大众汽车

不放手,直到梦想到手。
——台湾黑松沙士(碳酸饮料)

将梦想公之于众,你将义无反顾。
——尊尼获加威士忌《我的超越》

不要让你的梦想在别人的看法中死掉。

——NIKE WOMEN

时间花在哪里，梦想就在哪里绽放。

——方太洗碗机

Office 不用太大，装得下梦想就好。

——办公室租赁广告

熬过这些日夜颠倒，梦想才会按时报到。

——劲酒

做人如果没有梦想，那跟咸鱼有什么分别。

——电影《少林足球》

时间不会忘记青春的热血，梦想总会温暖寒冷的岁月。

——啪啪，手机好声音（图片语音社交应用软件）

喝酒就是为了彼此诉说。

如今我们深夜饮酒，梦想碰到一起，都是酒杯被摔碎的声音。

——红星二锅头

38 > "梦想/理想……（现实）……"

> 理想很丰满，现实很骨感。
>
> 当把理想（梦想）和现实放在一起时，总是让人心生感慨。
>
> 对，受众感慨就对了，一旦受众的情绪被调动起来，他们就不再那么理性甚至无情地拒绝我们的诉求。
>
> 在理想和现实之间，我们理解受众所有的无奈与伤心；在现实的路上，我们总会为受众加油鼓劲。
>
> 追梦的人，永远是文案笔下称颂的人。
>
> 作为一名文案，我们也是写有关梦想的文字或现实的自己。

现实黑粗硬，梦想傻白甜。
——棉花糖机（京东电器）

理想再崇高，也得和现实打好关系。
——江小白

曾经是梦想家，梦没了，只剩想家。
——统一"茗茗是茶"

不是现实支撑了你的梦想，而是梦想支撑了你的现实。

——北大宣传片《星空日记》

有些梦想只能先给现实让路，这不是妥协，这是成熟。

——红星二锅头

我很平凡，没有过人的天分，没有命运的恩宠，现实总把我和理想隔开。

——李宁

爱情的"理想"与"现实"。

——韩国 2%饮料

39 > "哪有……"

哪有天上掉馅儿饼的好事?

只有辛勤耕耘,才会开出美丽的花朵。

"不看人家又盖起高楼,不问苍天偏爱谁更多,用我一颗真心一双手,换来平安自在的生活。"这样的心境,能让人拥有坚定的力量。

同样地,"哪有什么岁月静好,只不过是有人在替你负重前行"。

文案里呈现的无限美好,都源于文案呕心沥血地浇灌。

哪有什么天生如此,只是我们天天坚持。

——Keep 健身 App

哪有什么坐享其成,还不是全靠默默发力。

——晨光文具

哪有念念不忘的爱情,只有兜兜转转的黑头。

——美图美妆

哪有什么突然想起,其实是一直藏在心底。

——江小白

40 > "那些……"

那些，似乎离我们很远，似乎与我们无关。

所谓"距离产生美"，文案笔下的"那些……"都会令我们产生联想，让我们回忆过去，思考未来，也会让我们换位思考，重新审视自己的认知。

"那些"也是在有意指向文案背后的品牌，品牌总与我们的"那些……"有关。不过，我们的文案不用写得太直接，让我们的广告和受众保持一定的"心理安全距离"，受众会有意无意地听、看和理解。

那些别人眼中的天真，都是我以梦为马的狂奔。
——华为麦芒 5

我们那些共同的记忆，是最好的下酒菜。
——江小白情人节文案

那些爱的心思，一定会被看见。
——天猫年货节文案

那些全力以赴的专注，也是一种不为人知的疯狂。

——腾讯音乐

一行行输入，又逐字删除。

那些想对你说的话，输入法都记得。

——魅族手机

正是那些人类中闪耀的群星，提示我们不要忘记仰望星空。

——苏宁易购"纪念霍金"海报

41 > "男人……"

"男人"的文案，是专门写给男人看的。

当把受众归为某一类人的时候，他们会单独审视自身，评估自己是否属于这一类人。

男人的对立面是女人。男人和女人有什么不同？男人拥有的和女人拥有的有什么不同？男人的生命历程和女人有什么不一样？男人因何而为男人？

每一个男人心中，都一定有一个理想的男人形象。

用"男人"的文案，讨好男人。

男人的硅胶。

——折叠软键盘（京东电器）

男人不止一面。

——七匹狼

奋斗，成就男人。

——劲霸男装

金利来，男人的世界。

——金利来领带

42 > "难忘/忘不了/忘不掉……"

忘不了的，一定是戳中我们柔软内心的，一定是引发我们内心某种情绪反应的，一定是让我们记忆深刻的。

去提及人们无法忘记的，引发他们的情绪反应，让我们的品牌植入他们有关的情绪反应中，成为伴随他们的某种情感的事物，而这正好是广告传播的价值所在。

文案，总能从某个点给受众一记重击，然后又给受众一剂良药，或一副暖贴，以实现将品牌印入人们的大脑的目标。

忘不掉的母爱。
——白云山乌鸡白凤丸

一面之交，终生难忘。
——陈克明面条

余生好长，你好难忘。
——网易云音乐用户评论

43 > "你……你……"

要让一个人无法回避你，泼妇骂街的方式就是挥舞着双手，指着你不停地说着"你……你……"。文案不会使用不文明的词汇，只会温和地告诉你，你应该怎么样，如果你怎么样你就会怎么样，用以激起你对自我某一方面的反省。

商品要植入"你"的生活，才能纳入你的消费习惯。所以，广告要在你和商品之间找到一种关联意义，然后不停地戳你的某种痛点，使你无法回避相关需求的存在。而文案则让商品和这一需求直接关联。

不被看见，你就等于不存在。
——Stella Luna 高跟鞋广告

你知道的很多，你想知道更多。
——知乎

你的加班时常上演，你的双眼很少合眼。
——冠益乳"世界睡眠日"文案

如果每个人都理解你，你得普通成什么样。

——网易云音乐"2018 年，照见自己"

你这么年轻，你可以成为任何你想成为的人。

——网易云音乐"2018 年，照见自己"

你在朋友圈里又佛又丧，你在收藏夹里偷偷地积极向上。

——印象笔记

44 > "你……世界……"

人的世界观，用以阐释或表达人与世界的关系。

人存在于这个世界的意义是什么？你赋予了世界什么？而世界又赋予了你什么？

当一个人满足自己的基本需求之后，便开始寻找活在这个世界的意义，证明自己不仅仅是一具行尸走肉，也证明此生没有白来。

在基本需求之外的相关商品，社交属性的、自尊属性的以及自我实现属性的，都与人在世界的意义有关，都可以从某一个切入点就"你和世界"的关系出发，提出诉求，让受众通过文案，看清或者重新看待自己和世界的关系。

而要建立这种关系，购买广告里提到的商品必不可少。

你的世界，从此无界。
——福特汽车

你的心声，世界的回声。
——腾讯微博

装得下，世界就是你的。

——爱华仕箱包

你的世界，大于全世界。

——招商银行

世界很美，而你正好有空。

——片刻 App

你的双脚竟能改变你的世界。

——NIKE WOMEN

世上仅此一件，今生与你结缘。

——石头记

45 > "你……我……""我……你……"

从人与人的关系来看，这个世界只有两个人，一个"我"，一个"你"。

所有的故事，都发生在你和我之间，这在恋人的关系上最具代表性。

用文案描述"你和我"的关系与故事，寻求受众的共鸣，唤起他们心中曾经的温暖和爱意，让品牌在"你和我"的关系中扮演一个温暖和有爱的角色。

这种角色，可能是"你和我"之间精神交流的介质，也可能是"你和我"之间传情达意的道具。

"你和我"之间，我有的，我都想给你。

我（广告主）制造和提供的，我都想卖给你。

你别皱眉，我走就好。
——网易云音乐用户评论

只要你要，只要我有。
——名创优品五周年文案

你忘记的，我都记得。

——电影《37 次想你》

听说你很冷，刚好我很暖。

——麦当劳《鸡粥物语》

人生百年，你是回味，我是甜味。

——麦当劳《粥碗》

你陪着我的时候，我没羡慕过任何人。

——《视觉志》

你的酒窝没有酒，我却醉得不省人事。

——珍爱网"520"文案

你可能忘了我是谁，但我始终在你身边。

——京东手机《生活没那么可怕》

你的生活我们不懂，但你喜欢的我们都记得。

——众之金服

我知道你想去太阳的方向，但我仍愿做你背后的星光。

——新世相《凌晨 4 点的重庆》

我们之间的距离，最近的时候是"眼里有你"，最远的时候是
"心里有你"。

　　——方太

世界再大，不过你我之间。

　　——微信

46 > "你更/比/超乎……"

激发受众的自信与激情，调动受众内心拼搏向上的热情。

你可以更好，你比你想象中更超能，你的力量超乎你的想象。

每一个人心里都住着一个堂吉诃德，每个人都曾经幻想过堂吉诃德式的一生。因为不可能，所以幻想过可能。

无论如何，人生始终是不可限量的。在广告的世界，更是一切皆有可能。

人们不会过上广告中的那种生活，但是人们会购买广告中的商品。

看见更美的你。
——多芬自信基金会

You are more beautiful than you think.（你比你想象中更美。）
——多芬

知识使你更有魅力。
——《中国时报》

你的能量超乎你想象。

——红牛

你能比你快。

——耐克《刘翔篇》

47 > "女人……"

女人能顶半边天？不，女人能顶整个天。

在现代社会，文明进化的方向，让女人越来越成为主角。

而在购物消费的世界，女人在很多领域都成了绝对的主宰。

每一个文案，都无法忽视女人的存在。关注女人，就是关注欲望。

无论是否如此，女人的爱美，爱幻想，爱浪漫，爱攀比，爱虚荣……都在文案中一一表现。再加上女人永远的"少女心""母爱"与"心软"，更是让女人成为商家和广告紧盯的对象。

试想一下，在商品世界，没有女人的存在，将会怎么样？

新女人，新价值。

——女性购物网站 PayEasy

认真的女人最美丽。

——台新银行

竞争是女生的天性。

——NIKE WOMEN

女人是"妆"出来的。

——北京蓝调沙龙楼盘

不用香水的女人没有未来。

——香奈儿

脚小的女人恋家，那是屁话。

——OPPO Ulike2《Molly 篇》

每个女人心里都有一个春天。

——潘多拉

漂漂亮亮做女人，健健康康百消丹。

——百消丹

时装是女人的追求，时装是女人的政治。

——中兴百货

48 > "（不）配（得上/不上）……"

我们自信，我们自卑。

我们总在争取我们觉得应该拥有的东西，我们总在我们觉得不配拥有的人或事物面前退缩。

这正好是人的特点，或者是人的弱点，也正是文案可以利用的机会。

我们鼓励人们去追求他们"配得上"的人或事物，我们也可以借打击人们不敢追求自己想要的刺激他们的自尊心，目的都是只有一个，让人们冲动。

对于人来说，冲动是魔鬼。对于商家来说，冲动是上帝。

你配得上自己的野心。
——沪江网校

别让你的品位，配不上你的房子。
——某楼盘广告

怕配不上曾经的梦想，也怕辜负了所受的苦难。
——钉钉《创业很苦，坚持很酷》

49 > "其实/事实上……"

通过文案，告诉受众什么才是真实的。

这是一种诚恳的说服方式，因为要怎么判断，要怎么选择，都是由受众自己决定的。我们只是呈现客观的事实，而这恰好也是最令人无可辩驳的说服方式之一。

爱学习的人，总在等待那些被人忽略的事实或知识来刷新自己的认知，以打开视野，让自己看见众人所未见的东西。

文案也可以扮演给受众"洗脑"的角色，只要是客观的事实，或者足够有力的证据，人们就会被你"洗脑"。好学的人们也乐意被你"洗脑"，他们也乐意给他们身边的人"洗脑"。

其实，男人更需要关怀。

——丽珠得乐

小儿麻痹，其实是大人麻痹。

——台湾"根绝小儿麻痹服务"

都以为父母无所不能，其实有些事只有孩子能（做）。

——999 小儿感冒药

你以为的刻意回避，其实是我心底泛起的涟漪。

——江小白情人节文案

别人稍一注意你，你就敞开心扉，你觉得这是坦率，其实这是孤独。

——网易云音乐用户评论

你总说，你不了解年轻人，其实你不知道，年轻人也并不需要你了解。

——JONAS & VERUS 时装表"双 11"文案

有些人认为奢侈的反义词是贫穷。

事实上不是这样，奢侈的反义词是粗俗。

——香奈儿

50 > "青春……"

青春的模样，是最美的模样。

青春就是一句口号，代表着自由、憧憬、探索、挑战、疼痛和热血。没有人不热爱青春，没有人不对青春而感慨。

对于青春的人来说，青春似乎就是永远，人生似乎永远是青春。

对于青春不再的人来说，青春就是一本还未打开就已经合上的书，只能让人在笑与泪中怀念。

用青春来"撩"受众，没有不成功的。所有人的笑与泪、哭与歌、恨与爱，最强烈的情感都会如浪潮般奔涌而来。

所以，青春怎能不令文案喜欢。

无勇闯，不青春。
——华润雪花啤酒勇闯天涯 superX 产品

有一种青春，叫作宿舍。
——电影《栀子花开》海报

学习才是你永远青春的秘密。

——《中国时报》

青春不是一段时光，而是一群人。

——江小白

爱对了，是爱情；爱错了，是青春。

——电影《左耳》

不用去担心未来，青春就是所有未来。

青春是你手里一无所有，却紧紧握着自由。

——腾讯视频《创造 101》

青春无关年华，它是你不认怂的每时每刻。

——钉钉

51 > "请……"

什么都别说，"请吧"。

用"请"直接引导受众开始行动。在行动词前面加上"请"，能让强硬的诉求变得委婉，能让商业化的诉求变得客观，能让娱乐化的诉求变得严肃。

在生活中，人们对带有"请"的行动诉求一般都没有"抵抗力"。

那么，请文案用认真的眼神，看着受众的眼睛，对他们说"请"。

如果爱，请深爱。

——必胜客

请别让他们只留下名字。

——IFAW（国际爱护动物基金会）

保护嗓子，请用金嗓子喉宝。

——金嗓子喉宝

拳头能解决的问题，请别用权力。

——安踏

52 > "去……"

相对"请"来说，"去"字就更直接、更具鼓动性了。

勇敢地"去"吧，或者"去做"吧。不用考虑任何事，因为这个世界本就没有给你设任何束缚，所有束缚都是人们假想的。

年轻人的心理是什么？就是容易冲动，容易被蛊惑、被刺激，不知天高地厚。他们有一颗天马行空的心，一身健康有力的体魄，还有满腔热情。

所以，针对年轻人做文案，就是"蛊惑"他们去冲去闯，去野去浪，他们才会喜欢你。也唯有如此，才能发挥他们年轻和不可限量的能量，让这个世界产生新的可能。

去野。
——The North Face

放胆去。
——淘宝"新势力周"服饰新品发布会

JUST DO IT.（尽管去做。）

——耐克

尽管去跑。

——新百伦跑鞋

腾出空，去生活。

——腾讯"电脑管家"

去征服，所有不服。

——途胜汽车

去兜风，去浪费时间，去做你想做的事情，在自己的时区里，不急不赶，不卑不亢。

——《爸爸去哪儿》

53 > "让……"

让，是表达一种奉献和利他的态度，是尽你我的微小的力量，让这个世界和我们身边的人和事物变得更美好。

文案中的"让"，是表达品牌的一种美好向往，或者表达商品美好的设计初衷，也是想唤起人们心中的奉献和利他精神，让人们成为更美好的自己，追求更美好的世界。

作为作者，我写下这些文字的目的，是想把我关于文案的经验、思考和体会与你分享，让你成为更好的文案(人员)，让广告中的文案使人心生美好。

让阅读不再孤独。

——微信读书

让欲望不再失望。

——淘宝商城

让心意先到家。

——天猫"年货节"文案

让您年轻起来。

——Ratika's 饰品

让好奇心不再孤单。

——知乎

开口说爱，让爱远传。

——台湾远传电信《好好说话》

让母亲重温年轻的梦。

——伊桑化妆品

让天下没有难做的生意。

——阿里巴巴

让世界倾听我们的声音。

——央视形象广告

让文字穿越光亮与黑暗。

——Kindle Voyage

让遗憾停留，愿未来可期。

——999 感冒灵

让世界的不公平，在我面前低头。

——安踏

黑夜的沉默，让每一缕思绪，彻底释放。

——《歌手》

54 > "让……成为/变成/变得/改变……"

要改变整个世界，对于普通人来说是不可能的。

但是我们可以做出一份努力，收获一份改变，让身边的细微之处，变成我们想要的样子。

以一颗阳光和温暖的心，给周围的人和事物也带来一丝阳光和温暖。让冷酷的变得不那么无情，让悲伤的变得不那么绝望，让懦弱的变得不那么自卑，让失落的变得不那么孤独。

让充满希望的文案，不断给受众带来希望。那么，世界就总有好事发生。

让汽车成为一个小家。
——雷诺

想读完很多书，让自己成为他们永远也不想读完的一本书。
——Jeep

你让黑夜变成熬夜，你让睡眠变成无眠。
——冠益乳世界睡眠日广告

让改变发生。

——李宁

55 > "让……更……"

尽管企业或品牌是为了利润而存在的，但是被人们接受的企业或品牌一定是为社会创造价值的。企业或品牌作为企业家精神的延伸，也在承担企业家的社会责任，为社会做出积极的贡献。

"让……更……"是在传达企业或品牌的一种初衷和向往，也是在倡导更多的人往这个美好的方向一起努力和改变，以产生精神共鸣。

优秀的企业和品牌，一直在让这个世界变得更加文明。

正如那些优秀的公民一样。

让男人更绅士。

——VASTO 男装

让家的感觉更好。

——方太

让友情，更有情。

——丰谷特曲

让我们做得更好。

——飞利浦

时间，让爱更了解爱。

——铁达时

56 > "人人都……"

人人都如此，我也一样。

人们都在拼搏和努力，我也不甘人后。

我们都是一样的人，我们都在经历一样的人生。

人人为我，我为人人。用文案，宣扬和倡导一个"大同"，一如共产主义描绘的那个美好世界。

当然，"人人都"那样的一个方向，或许是一个错误的方向，那应该"劝服"人们走向另一个方向，而我们的文案正是那些"劝服的语言"。

人人都是生活的导演。

——土豆网

人人都在创造世界。

——阿里巴巴冬奥会宣传片

特别的美，并非人人拥有。

让美变特别，人人都可拥有。

——阿里巴巴全球速卖通《丑小鸭篇》

人人都想做超级英雄，却没人愿意帮妈妈洗碗。

——方太洗碗机

57 > "如此/多么/那么……竟然/居然/都"

给受众一种意外，一种不一样的思路，一种惊喜，让他们平静的认知湖面遭受一点点冲击，以刺激他们的认知神经，让品牌给他们留下一些印象。

不思考的文案只能想出"最""非常""特别""第一"这样极端敏感的词汇，其实在中文词汇中有很多能激发人们情感的词语。

这种鬼地方都收得到。

——和信电讯

孤独感如此普遍，以至于你并不孤独。

——美团外卖

舞台那么大，走到中间需要一点时间。

——钉钉&锤子科技新年寄语

生活多么的不同，你竟然只过着最熟悉的一种。

——暴风魔镜

家在远方，从未如此亲近；路在脚下，从未如此真切。

——沃尔沃春节文案

58 > "如果/要是/假如/若……就/那么……"

如果有一个前提假设，那么一切皆可成真。

所有的伦理道义，都基于一个前提假设。

所以，一个能让人接受的道理（诉求），都应该有一个前提假设，这样受众就不太会产生逆反心理，因为我们的诉求并不是绝对的。

对于文案（人员）来说，一种好的句式就是一种好的诉求方式。在文案（人员）开始写文案的时候，品牌的诉求已经是明确的了，而文案（人员）就是将品牌诉求以受众易于和乐于接受的方式（句式）表达出来。

想象一下，如果没有"如果"，那么文案（人员）的文笔会失色多少呢？

而如果给了文案（人员）一个"如果"，那么他们就开始妙笔生花了。

如果屋子很空，冰箱一定要满。

——冰箱（京东电器）

如果没有联想，世界将会怎样？

——联想

如果敢拼一拼，生活它会给你想要的。

——滴滴"橙色信封行动"

如果你知道去哪，全世界都会为你让路。

——贵人鸟

人要往前走，就一定要用"前男友"面膜。

——网易考拉

如果只为自己而穿衣打扮，多少会寂寞吧。

——淘宝服装品牌"步履不停"

心若没有栖息的地方，到哪里都是在流浪。

——三毛

如果眼泪是自己的手擦干的，那它就白流了。

——印度关爱老人公益广告

如果人们走得慢，我就走快些。

如果潮流推着所有人向前，我会停下脚步。

——Timberland

59 > "少数人……"

> 好吧，真理总是掌握在少数人手里。这让"少数人"不再是弱势群体，而是优越群体。
>
> 通过文案，让我们的受众"享受""少数人"的待遇。让他们在虚荣心被满足的瞬间，几乎没有防范就被你所说服。
>
> 少数人懂的，少数人拥有的，你们才懂，你们才拥有。
>
> 特供的都是稀缺的，少数人懂的，才是真知；少数人拥有的，才是尊贵与奢华。

时光总是成全少数人。

——豆瓣

多数人知道，少数人了解。

——保时捷 60 周年纪念

这世界，多数人想要，少数人敢要。

——饿了么

60 > "设问"

只要被提问，人们总会不自觉地思考答案。人们一旦想通了，有了答案，就会在大脑中留下与问题有关的信息。如果回答不上来，那么也会在大脑中留下未解的疑问，在有关的情景中，再寻求解答。

设问分为有问有答和问而不答，这两种方式在文案中都能起到很好的诉求效果，能给受众在某一个"问题"上留下深刻印象，而这一"问题"，正是品牌的诉求点。

好吧，现在你正在看的这本书，它有价值吗？

每一位文案都要读这本书吗？

她可爱吗？

——宝马 MINI

明天将发生什么？

——联想

让我脸红的，究竟是你，还是酒呢？

——RIO 鸡尾酒

未来是什么样？交给未来的自己回答。

——新百伦《致未来的我》

每个企业都要给董事长买一辆劳斯莱斯吗？

——劳斯莱斯（奥格威之作）

未来有多美？我不知道。美会更有未来，我确定。

——天猫国际&全球高能精华品牌

后来的我们，有多少跑赢了时光，有多少弄丢了对方？

——电影《后来的我们》

一个人的魅力来自哪里，眼睛，鼻子，嘴巴，还是脑袋里的

东西？

——渣打银行

固执的（地）坚持很傻吗？

未必。我听说傻人有傻福。

——钉钉《创业很苦，坚持很酷》

你曾问过自己，有价值的人生是什么吗？

——泰国人寿保险《Doy 妈妈》

61 > "生命/人生是一场……"

在文案中谈人生哲学，文案（人员）开始扮演哲学家了。

人生经历的点点滴滴，在时间的沉淀和发酵后，最终都凝结成我们的一套人生哲学。

而一种商品，其实承担我们生活的某种功能，或者扮演我们人生中的某一种角色，陪伴我们经历人生的种种。

生命中，我们总是选择和我们人生观一致的人同行。品牌也希望借表达一种人生观，引发受众的共鸣，从而获得受众的认可，让受众选择"品牌"与他们"同行"。

生命就是一场旅行，品牌正在被我们选择，也正在被我们抛弃。

生命本身就是一场旅行。

——路易威登

人生就是大闹一场，悄然离去。

——金庸

没了烟火气，人生就是一段孤独的旅程。

——《人生一串》

生命是一场又一场精彩的飞行，赢家不会辜负每一次启程。

——耐克《胜利者》

如果说人生的离合是一场戏，那么百年的缘分更是早有安排。

——百年润发

62 > "十年……"

十年有多长?

每一个十年的过去,都只是弹指一挥间。

不过,每一个十年,已经足以成为历史上的一个年代。每一个十年,都会沉淀为某一种情怀,都会留下深刻的长长的故事,让我们感慨与缅怀。

用"十年"来引发受众的感怀,让他们思绪万千,让他们将我们的品牌和他们的"十年"联系在一起,让我们的品牌成为他们感慨"十年"的道具。

三毫米的旅程,一颗好葡萄要走十年。

——长城葡萄酒

写一行字很快,自成一家风格需要十年。

——钉钉《创业很苦,坚持很酷》

十年前你的梦很美,十年后你是最美的梦。

——特仑苏《十年敢想》

十年，三亿人的账单算得清，美好的改变算不清。

——支付宝《账单日记》

十年前，我离父亲很远；十年后，我终于理解了父亲。

——天猫《裙梦十年》

友情就像丰谷酒，滴滴在心头。纵使十年不见，一刻回味久远。

——丰谷特曲

十年前你说生如夏花般绚烂，十年后你说平凡才是唯一的答案。

——网易云音乐乐评朴树《生如夏花》

63 > "世界……我……"

> 世界与我，我与世界，构建了我们的世界观。
>
> 不管是有意还是无意，广告都在扮演着教育的功能，广告是一种意识传播工具和方式。人们在阅读文案的时候，也在有意无意地获取信息和知识，并形成新的认知和态度。
>
> 通过文案从某一个角度表达一种世界观，让受众进一步认识或者重新认识这个世界以及世界和"我"的关系，引发受众的思考，激发他们的情感，获得某种共鸣，以塑造一个有思想、有高度、有态度的品牌，获得受众的认可和尊重。

全世界都忙，我不慌不忙。

——格兰利威威士忌

我想怎样活在这个世界上，和世界无关。

——JONAS & VERUS 时装表

努力活在四处碰壁的世界，直到在次元壁碰到自己。

——网易新闻

64 > "试试/看看/数数/考虑……"

在商品过度丰富的今天，每一种商品要进入人们的生活，都是在打破人们原有的消费方式或生活方式。是选择还是不选择，是接受还是不接受，对消费者来说，都有一定的成本风险。

以什么样的方式降低受众的风险呢？在产品层面，我们会设计试用装，提供免费体验，提供消费和口碑数据，提供专家或亲友证明，以减少受众的担心和顾虑。

在文案中，我们就以非常委婉的方式，建议人们以某种方式尝试去接受我们的品牌，或者接受某一种观念。无论受众有多抗拒，在人的天性中总是有好奇的心理的。只要我们的文案在他们心中埋下引诱的"种子"，人们早晚会有行动。

你也试试看。

——花王洗发乳

我们可以试试看。

——泰国 AIS 电话卡

看看这个世界水有多深。

——水下无人机（京东电器）

买包解决不了的问题，背包试试。

——奔驰

你不妨数数身边驶过了多少辆"福特"。

——福特

试别人不敢试的噩梦，造别人不敢造的美梦。

——钉钉《创业很苦，坚持很酷》

你买汽车不来考虑一下我们克莱斯勒的汽车，那你就吃亏了。

——克莱斯勒

65 > "是/不是为了……"

告诉人们背后的原因和真相,这是一种坦诚的态度和表现。

人们喜欢坦诚的人,人们想要弄清事实和真相,然后做出主观的判断。

在广告中,品牌也可以以拟人化的方式,向受众传达品牌的理念和意图,坦诚告诉受众隐藏在商品背后的价值观和努力。

这是一种坦诚和平等的沟通。我写这些文字的目的不是为了谋生或者讨好读者,我只是为了把我认为好的东西与有关的从业人员分享。

我不是为了输赢,我就是认真。

——锤子手机发布会

白天是为了谋生,而黑夜只是为了爱。

——鲁米《如果你整夜不眠》

我把所有人都喝趴下,就是为了和你说句悄悄话。

——江小白

我这么努力，不是为了嫁出去，而是为了不必嫁出去。

——京东金融

上帝创造了女人，是为了让她骄傲，而不是让她当一个配角。

——阿里巴巴《她时代，上帝的剧本》

66 > "是……是……"

这是一种类比、排比或递进的句式，可以从不同角度阐释和强调诉求，增进受众的理解，加强受众的记忆。

条件反射需要借助重复刺激才能有效建立。广告若想被受众记住，也需要不断重复，但重复本身是令受众反感的。如果文案能利用某种句式实现意义的重复，而不是言语的重复，那么也能提高广告的效力，为广告主节省广告费用。

产品是布料，文案是刺绣，品牌是衣服。

想要是加法，需要是减法。

——红星二锅头

流走的是岁月，沉淀的是经典。

——奔驰

垃圾进去是渣，前任进去是"人渣"。

——厨余粉碎机（京东电器）

长得漂亮是本钱，把钱花得漂亮是本事。

——台湾全联超市"经济美学"

送别，是思念的开始。思念，是一食三餐的牵挂。

——方太中秋节文案

67 > "是最好的/最好的是……"

广告法规里面是禁用"最高级"这个词汇的。

不过，如果我们使用"最高级"不是去夸大我们的产品，而是强调我们的某种观点，那么是没有问题的。

最好的诉求不是针对品牌的优点，而应该是针对我们关于商品的某种主张。受众接受了这种主张，自然也就接受了我们的品牌。

比如说，"最好的爱，给最疼你的人"，那什么是最好的爱呢？广告指向的和受众所联想到的一定是广告里的商品。

简单就是最好的。

——Playboy 手表

给予是最好的沟通。

——泰国 True Move 电话卡

时间，就是最好的合约。

——铁达时《100 年之约》

让孩子去爱，是给孩子最好的爱。

——华为 Mate 10 Pro

我能想到最好的道别就是明天见。

——《亲爱的客栈》

最好的复仇就是取得巨大的成功。

——Frank Sinatra（美国流行音乐人物）

生活最好的事，是自己没被生活改变。

——滴滴

最好的默契是懂你的言外之意，也懂你的欲言又止。

——江小白

要让再大的挑战也变得简单，最好的办法就是把自己变得更强。

——阿迪达斯《马晓旭篇》

68 > "双关（谐音/同音/双关）"

对于文案来说，双关语是一个意外的惊喜，是文案在冥思苦想之中的意外发现，有"山重水复疑无路，柳暗花明又一村"的感觉。

好的双关，能很好地传达品牌的诉求，而且充满了趣味性和想象力，是很讨巧的文案。

尤其对于汉字来说，同音字非常多，只要够用心，你总能找到一个可以巧妙传达品牌诉求的同音的双关字词。

无屑可击。
——清扬

淘不出手心。
——淘宝

贵人，多旺事。
——西南海楼盘

纸有春风最温柔。
——春风面纸

吻住，我们能赢！

——王者荣耀口红

保胃你的正肠生活。

——统一 AB 优酪乳

不如意事，十有八酒。

——红星二锅头

年年得福，年年德芙。

——德芙春节文案《年年得福》

千里"音"缘一线牵。

——中国电信

汽车工业新一代的标致。

——标致

给电脑一颗奔腾的"芯"。

——英特尔

陪聊，陪酒，赔笑，赔本。

——钉钉《创业很苦，坚持很酷》

趁早下"斑"，不要"痘"留。

——祛痘化妆品

69 > "双关（语义双关）"

一个词有两种意思，一句文案有双重含义。

不同的词在不同的场景中有不同的意思，在品牌名称、品牌诉求和日常用语这三者之间，总会有一些词语能同时传达两种以上的意思。

在下面这些双关文案中，险可以指危险，也可以指保险；白白嫩嫩可以指椰汁，也可以指肌肤；足下可以指一种称谓，也可以指鞋子；风云可以是风云汽车，也可以指风云际会……

双关的句子，总能传达两种以上的意思，让受众在品牌、商品特性、生活情境、产品功能等之间找到一种关联，对广告中的品牌产生特别的印象。

好险！

——某保险公司

白白嫩嫩。

——椰树牌椰汁

为足下争光。

——上海鞋油

动静皆风云。

——奇瑞风云

一嗑就开心。

——傻子瓜子

专做头等大事。

——理发店

南极人不怕冷。

——南极人内衣

给我小心点儿。

——统一小心点拉面丸

上上下下的享受。

——三菱电梯

我因复制而伟大。

——艾美加复印机

听什么都要过脑子。

——耳机（京东电器）

爱，在相同的高度。

——麦当劳关注儿童公益宣传《蹲下来》

美的空调，美的享受。

——美的

不怕黑化，随时洗白。

——超声波洗衣器（京东电器）

爱是正大无私的奉献。

——正大集团

喝口茶，解人生烦腻。

——天喔茶庄

要想成功，从头开始。

——理发店

你的健康是天大的事情。

——天大药业

蒙桑图，专做表面文章。

——蒙桑图镀层公司

看够了生活的脸色，用口红回敬一点颜色。

——美图美妆

最初的那些动力，不用加油，却陪你走了最久。

——Jeep

70 > "虽……但/却/可……"

转折的句式，让受众在一瞬间从一个视角转到另一个视角，能让昏昏欲睡和百无聊赖的受众瞬间兴奋起来，使品牌诉求在受众转动大脑的瞬间被植入。

转折前的是一种铺垫和衬托，转折后的才是重点和意图。转折前的认知和转折后的认知或许是没有关联的，但是当两种认知和某个品牌联系在一起之后，它们就成为了事物的两个对立面。而使两者对立的原因，正好是品牌的诉求。

也正是因为有这样的对立，品牌才彰显了它的价值。

你知道他，但你不知道他。

——滴滴车票 *U know or not*

劲酒虽好，可不要贪杯哦。

——劲酒

牡丹虽好，还要爱人喜欢。

——牡丹电视机

它如期而至，但你阔步前行。

——高洁丝

我不认识你，但是我谢谢你。

——中华血液基金会

不喜欢谈钱，但也想赚多一点。

——蚂蚁金服

不求天长地久，但求曾经拥有。

——铁达时

喜欢就会放肆，但爱就是克制。

——电影《后会无期》

也许你们说的（得）都对，但我不是你们。

——JONAS & VERUS 时装表"双 11"文案

生活从未变轻松，但我们会逐渐强大。

——网易云音乐"2018 年，照见自己"

后来，我们什么都有了，却没有了我们。

——刘若英《后来的我们》

男朋友也许会离开你，但是你的鞋不会。

——网易考拉

性别生来被定义，但我的人生，不可以。

——唯路时

去过很多地方，却不曾遇到一样的我们。

——JONAS & VERUS 时装表七夕节文案

朋友圈赞过无数风景，却没去过一次远方。

——中仁财富分期贷

人生有很多事需要妥协，但爱情绝不在其中。

——雀巢

可以很快喜欢上一个人，但是恋爱要慢慢谈。

——青岛啤酒

送几朵花给你最爱的人，但不要忘了你的妻子。

——某花店

话说四海之内皆兄弟，然而四公里之内却不联系。

——江小白

这个城市有很多不确定，但现在最确定的就是你。

——招商银行信用卡《生活，不止期待》

没有物质的生活很可怕，但只有物质的生活更可怕。

——超能洗衣液

你知道他老了，但你不知道，他一年会去几次医院。

——滴滴《你知道的和你不知道的》

1000 块买不到一副好眼镜，却能买到比尔·盖茨的眼光。

——诚品书店（1000 块指的是台币）

对所有大牌下的每个系列化妆品都如数家珍，但你绝不会透露自己，用的只是赠品小样。

——蚂蚁金服《年纪越大，越没有人会原谅你的穷》

我忘了是多久学会走路的。

但我记得，从跨出第一步开始，我就只走在自己相信的路上。

——Timberland

71 > "所有/凡/但凡/多少/任何……都……"

以一种坚定的、不容置疑的语气，向受众传达某种观念，让对广告淡漠的和神魂游离的受众受到触动，引发思想的强烈激荡。

这种文案除了具有掷地有声的力道，还能给品牌塑造一种自信和独立的个性，也能获得追求个性与独立的群体的认同。

身处这个世界，很多都是我们无法回避的，我们必须勇敢地面对一切。

所有命运赋予我们的，都是用来考验我们的。

凡事无绝对。

——乔丹

多少崎岖，——走过。

——飞利浦电熨斗

今日所有，全非侥幸。

——新加坡征兵宣传

世间所有的相遇，都是久别重逢。

——电影《一代宗师》

所有的精打细算，都是在为爱打算。

——支付宝《我的抠门妈妈》

所有的光芒，都需要时间才能被看到。

——锤子手机

世间所有的内向，都是聊错了对象。

——陌陌

所有的才华，都是码在指尖上的时间。

——《中国守艺人》

和任何一种生活，摩擦久了都会起球。

——淘宝服装品牌"步履不停"

所有的终点，都是即将开始的新起点。

——雪花啤酒勇闯天涯 superX

但凡不能说透的东西，都需要靠酒来释怀。

——江小白

你不曾见过的美丽，都在那些无人问津的岁月里。

——JONAS&VERUS 时装表七夕节文案

在这个行业里，所有一尘不染的理想，都是趴在土里实现的。

——环时互动

所有事到最后都会是好事，如果还不是，那它就还没到最后。

——约翰·列侬

所有强大的女人，都不会去听"他们说"，她们只听"我说"。

认着心底的声音，用温柔的力量书写执着。

——阿里巴巴《她时代，上帝的剧本》

72 > "（人生）天生……"

作为动物界的高级动物，人作为人类是倍感优越的。

作为人类中的一个个体，每个人也都有自命不凡的时候。

品牌想从众多同类品牌中脱颖而出，也应该塑造一种独一无二、不同凡响的形象，以迎合每一个都自认为独一无二、不同凡响的受众。

天生就不同，所以我们天生就该做不同的事，无畏无惧，勇敢前行，将每一次行动都化为不凡的创举。

天生骄傲。

——锤子手机

生而无畏。

——雪花啤酒勇闯天涯 superX

人生不是天生。

——更美 App

喜欢天生丽质的你。

——丹姿

彪悍的人生无须解释。

——罗永浩

人出生而不同，悉心照顾不变。

——泰国人寿

我们天生怕冷，但我们天生就会拥抱。

——爱慕内衣

每个人都是上帝的手稿，天生骄傲，各有不凡。

——马自达

我是歌手，我为创造音乐而生。

——《歌手》

73 > "往往……"

有时候，人们不得不接受现实。

往往最想要的，都是得不到的；往往最憎恶的，却是无法回避的。

接受现实，也没什么不好，向世界妥协，和自己和解，在自己能发光发热的地方实现自己的价值。

好的文案，就是和受众做促膝沟通，分享彼此的感受，在无情中表达有情，在寒冷中传递温暖。

满腔热忱的人，往往遍体鳞伤。
——凯爵啤酒

最喜欢的衣服，往往标着最讨厌的价格。
——中兴百货

看似难以逾越的阻碍，往往都是成功路上的垫脚石。
——雪花啤酒勇闯天涯 superX

74 > "唯一/唯有/不可取代……"

文案的主要功能是表现品牌的卖点,凸显这一卖点的重要性。而"唯一""唯有"和"不可取代"这样的表述就比较合适。

同时,这样的表述还有让受众思想聚焦的作用。因为每个人都对唯一的和不可取代的事物很感兴趣。

而对于文案来说,不管怎么写,都只有一个目的,就是向受众隐晦地表达:"唯一通向美好生活的路,就是走向品牌的路。"

无可取代。

——香奈儿 5 号香水

唯有美食与爱不可辜负。

——下厨房 App

万事皆可达,唯有情无价。

——万事达卡

唯一的不同，是处处都不同。

——iPhone 6s

唯有时间，让爱，更了解爱。

——铁达时

我们添加的唯一的东西就是盐。

——S & W 罐头食品

75 > "无限/无尽/皆有可能……"

> 激发受众的激情，让受众兴奋起来，对万事万物充满幻想。
>
> 人想要改变世界、成为更好的自己，都需要发挥潜能和非凡的创造力，品牌应该扮演这一刺激的角色。品牌也可以成为受众最具正能量的"朋友"，激发他们一路向前。
>
> 特别是针对年轻群体，他们需要正能量的刺激，世界需要因他们而变得不同。

一切皆有可能。

——李宁

我能，无限可能。

——匹克

肌肤与你，无尽可能。肌肤与你，越变越美。

——玉兰油

开始，才会冒出无限可能。

当完成的时候，就会发现，自己也有了改变。

——《歌手》

76 > "喜欢你⋯⋯"

在生活中，我们会回避谈情说爱，心中的情爱也很难与外人道。在广告中，我们则不用回避，反而应该积极替受众表达他们深藏于内心的情与爱。

人们在最喜欢的人的面前都是最笨拙的，所以人们需要借助媒介或第三方来传达情意。

品牌，可以成为受众表达情意的媒介和道具，也可以成为受众情意的一个寄托，以免受众的情意无处安放。

文案，应该是最能发现受众需要，并最能讨好受众的人。

喜欢你，放过你，忘记你。
——JONAS & VERUS 时装表七夕节文案

从喜欢你，到不止喜欢而已。
——Orchid Ring（兰·戒）

我要露出一点马脚，好让你发现我喜欢你。
——网易云音乐"2018 年，照见自己"

真是莫名啊，在这杯酒之前，好像也没那么喜欢你。

——RIO 微醺

喜欢你是件麻烦的事情，可是我偏偏喜欢，找麻烦。

——伊利畅轻酸奶《我们相爱吧》

77 > "现在/未来……未来/现在……"

对现在越不满，对未来越期待。

未来是现在的自己的一种向往，一种寄托，也是受众潜藏于心的一种情绪。

通过文案，将受众的情绪宣泄出来，或者给受众一种安慰，让受众感受到温暖和力量。

人们总是喜欢和喜欢自己的人在一起，人们总是喜欢和懂自己的人在一起。文案就应该代表品牌向受众表白，告诉受众我们懂他们，喜欢他们。

现在的 nobody，未来的 somebody。

——台湾第一银行增资卡

每一个好看的未来，都始于不被看好的现在。

——天猫国际

关于未来，每个人都没有答案。

关于现在，每个人也都假装没有问题。

——红星二锅头

对我而言，过去平淡无奇；而未来，却是绚烂缤纷。

——轩尼诗

让未来，现在就来。

——苏宁电器校园招聘

对未来最大的慷慨，是把一切献给现在。

——阿尔贝·加缪

78 > "献给/留给……"

人往往不一定都是纯粹地为自己而活，而是为爱自己或者自己爱的人而活。我们在自己喜欢和爱的人面前努力做得更好，以取悦自己喜欢和爱的人。

爱人、家人、恋人，他们都是我们所爱和珍惜的人，我们想要把最好的给他们。文案可以替人们表达心声，品牌的产品或服务可以作为人们表达情感的媒介。

文案、品牌和与品牌相关的一切和受众都不是对立的，而是互为依赖的。

献给母亲的爱。

——威力洗衣机

留一盏灯，给晚归的人。

——飞利浦真柔灯泡

宝贵的时间，要留给宝贝的人。

——天猫百货

过年不过是一场团聚，把时间留给最珍贵的人。

——江小白春节文案

79 > "相信……"

很多时候，我们所做的事，其实源于内心的信念，或者来自身边的人的信任、鼓励和支持。

相信自己，就会被认可，就会有信心，就会坚持下去。相信本质上是一种陪伴，一种随时随地会激发我们行动的潜在能量。相信也是相互的，会相互感染。相信自己，相信他人，相信世界，相信品牌，相信世界会被我们一同改变。

人们需要"相信"，那么品牌就传播"相信"。

相信自己。
——金莱克

相信品牌的力量。
——CCTV

相信自己，我能。
——中国移动全球通

邦迪坚信，没有愈合不了的伤口。

——邦迪创可贴

相信小的伟大。

——阿里巴巴冬奥会宣传片

80 > "想……"

当文案把受众内心的东西"曝光"之后，会怎样？

不管受众是意外、开心、生气还是其他，都一定是一种强烈的情绪反应。只要有情绪，广告的第一步就实现了。

文案应该深入受众的内心，真正感知他们所想，揣摩他们所爱。这样，才能替他们表达，或者撩拨他们的心弦。

因为，只有真正懂一个人，才可能打动一个人。

想艳遇吗？
——南京新城市广场

想知道清嘴的味道吗？
——清嘴含片

想留你在身边，更想你拥有全世界。
——招商银行信用卡

想拥有从未有过的东西，必须走从未走过的路。

——淘宝女装品牌"步履不停"

想让你明白我的心意，又害怕你看穿我的心思。

——江小白情人节文案

81 > "小时候……长大/现在……"

小时候想着快快长大，摆脱大人的束缚；长大了，自由了，原来的东西却都找不回来了。小时候，我们的生活是家、父母、家乡和最初的味道；长大了，家、父母、家乡和最初的味道，就都变成了记忆中的模样。

小时候我们的父母是高大和强大的，长大后我们的父母都是弱小和需要照顾的。岁月无情，改变了我们人生中的一切。

小时候和长大后的变化，总是让人感慨。品牌乐于扮演连接人们小时候和成年后的桥梁，让我们在长大后的生活中还能体会小时候的感觉。

通过优秀的文案塑造的品牌，一定是人们需要的有价值、有意义、有情感属性的品牌。

小时候总想往外跑，长大了却只想回家。
——由你音乐榜

小时候想去故事中的地方，长大后我却成了你的远方。
——网易乐评

小时候总担心我长不高，现在换我担心她被岁月折弯了腰。

——Keep 母亲节文案

小时候总骗爸妈自己没钱了。现在总骗爸妈，没事，我还有钱。

——蚂蚁金服《年纪越大，越没有人会原谅你的穷》

小时候总想认识全世界，对所有东西都充满好奇。

越长大越想屏蔽全世界，消除纷涌而来的信息。

——李彬《人间日常》

小时候很想走出她的阴影。

母亲，如今只微弱成电话里断续的叮咛，多想把她的身影永远留住。

——中兴百货母亲节文案

82 > "幸亏/幸好/多亏/庆幸……"

以生活化的言语，带着一点小情绪，趣味性地诉说品牌的好，或者替受众向他心仪的对象表白，以实现和受众的互动。

这是"小确幸"在文案中的表现，也是文案（人员）真正换位思考，成为受众的一员，和受众一起体验人生中的"小确幸"。

多亏有这么多文案（人员）写出这么多的好文案，才有了我这么多的领悟可以和你分享。

庆幸有这么多喜欢文案的文案（人员），才有了这本书的出现。

多亏有它在家里搅和。
——搅拌料理机（京东电器）

幸亏你出现，够我欢喜好多年。
——湖南卫视《亲爱的客栈》

庆幸曾经遇见你，遗憾只是遇见你。
——江小白

83 > "选择……"

人的一生都在不断地选择，每一次选择都带着犹豫、忐忑和不安。于是人们每逢选择，总是需要听见鼓励的声音，需要有来自外界的力量，推动他们勇敢做出选择。

另外，由于受众属性的不同，产品可以通过品牌化，针对不同的受众提出诉求，以争取某一特定的受众群，成为他们的必选之一。

那么，文案的工作就是找出品牌的特性，寻找适合的受众，通过文案说他们喜欢听的话，诱导他们选择我们的品牌。

新一代的选择。
——百事可乐

我选择，我喜欢。
——安踏

我选择没人敢走的路。
——Timberland

非常可乐，非常选择。

——非常可乐

痛楚难以避免，磨难却可以选择。

——日本札幌啤酒（村上春树撰写）

离开北京也许是个选择，但不是我的选择。

——红星二锅头

勇敢选择，去你想去的地方。

——Jim Beam 威士忌

84 > "（不）要/应/该/应该/适合……"

有些事情是应该做的，有些事情是不应该做的；有些
行为是合适的，有些行为是不合适的。

在这类文案中，品牌俨然是一位道貌岸然的教导者，
以一个高高在上的哲学家甚至"神"一样的角色，向大众
进行宣传。

这样的文案塑造的品牌是强势的、个性的和优越的。
这样的文案也能令那些意识强势、个性突出和自信优越的
受众产生共鸣。

男人应该有自己的声音。
——阿尔卡特

好东西要与好朋友分享。
——麦斯威尔咖啡

男人就应该对自己狠一点。
——柒牌男装

你的眼睛很美，不适合流泪。

——网易云音乐"2018 年，照见自己"

母亲节，你应该陪在妈妈身边。

——爱帝宫母亲节文案

生命就该浪费在美好的事物上。

——统昂·曼仕德咖啡

人是自由的，起码心灵应该是自由的。

——淘宝女装品牌"步履不停"

每个女孩都应该做到两点：有品位且光芒四射。

——香奈儿

你不会把睡觉带到重要场合，那也不该，把白天的事带到床上。

——慕思《今晚睡好一点》

85 > "要么/或者……"

非此即彼，要么做狗熊，要么做英雄。

每个人都有天生不凡的意气，也幻想在乏味平淡的生活中，有朝一日挥斥方遒，释放真我。

那么，在广告中描绘一种英雄的豪气，让受众绝不在这世间做一个没有追求的无名之辈。这可以唤起受众的激情，让受众追随品牌的脚步，和品牌的创造者们一起推动这个世界。

要么成长，要么倒闭。
——[美]菲尔·奈特（耐克创始人）

All in or nothing.（成皇或败寇。）
——阿迪达斯

或者在梦里去，或者和牧马人真的去。
——Jeep《活彻底》

了解世界的两种方式：翻墙，或者 MINI。
——MINI 汽车

The best or nothing.（要么最好，要么不做，要做就做最好。）
——梅赛德斯-奔驰

86 > "也能/也可以……"

换一种方式，换一种思维，换一种活法。

我们可以以另一种面貌面对自己和这个世界，我们不必以相同的唯一形式走完这一生。

向受众传达另一种可能，让受众感受到新的精神世界的存在。这样，品牌将成为他们的精神伴侣，陪伴他们度过自己的独一无二的人生。

不用 PS，也能变 S。

——World Gym 世界健身俱乐部

掀波澜，也能挽狂澜。

——雷克萨斯

再混蛋的人也可以局部信任。

——电影《后会无期》

梦里能到达的地方，终有一天脚步也能到达。

——网易云音乐"2018 年，照见自己"

胜利可以是第一个越过终点，也可以是带着更多人跑过终点。

——耐克《胜利者》

87 > "一切……"

如果文案(人员)对这个世界有深刻的观察和洞见，那么他写出来的文案一定是具有哲理并能赢得受众尊重的。

当我们在语言中使用"一切"时，我们是在表达一种肯定和绝对的观念，我们毫不理会任何不一致的和反对的声音。

而对于品牌的文案来说，这种表述可以传达品牌的自信和价值，让受众以一种严肃和庄重的态度看待品牌。

一切皆有可能。
——李宁

一切皆有规则。
——CCTV《经济与法》

在一切之下，却高于一切。
——多佛轮胎

一切问题，自有时间作答。

——魅族发布会"倒计时"

一切白的东西和你相遇，都成了黑墨水黯淡无光。

一切鸟兽因为不能说出你的名字而万分绝望。

——话剧《恋爱的犀牛》

88 > "一生/一辈子……"

> 孩子不会想"一生"这种事情，因为他们还不能领会什么是一生。
>
> 而成年人在经历世间种种之后，当我们不经意地说我们"老了"的时候，"一生"这件事情就总能激发我们的情感。
>
> 和 20 岁的人谈生存，和 30 岁的人谈生活，和 40 岁的人谈生命，而生存、生活和生命都是我们的一生。
>
> 在文案里谈"一生"总能让受众起反应，因为我们总是看着别人的一生而反观自己的一生，听着别人谈人生而反省自己的人生。

一生，活出不止一生。

——人头马

我用尽了全力，过着平凡的一生。

——《月亮与六便士》

人生没有白走的路，每一步都算数。

——新百伦 & 李宗盛

你只来了一下子，却改变了我一辈子。

——江小白情人节文案

听妈妈的话，妈妈却也不能帮你过一生。

——JONAS & VERUS 时装表

从小听了很多大道理，可依旧过不好这一生。

——电影《后会无期》

除了这一生，我们又没有别的时间，能有多远，就走多远。

——湖南卫视《花儿与少年》

就算，时间把它冲淡；就算，距离把它隔远。
当味道勾起记忆，家是我们一辈子的馋。

——CCTV 春晚《家香·家乡》

89 > "因为……所以……"

要说服或劝服对方，最直接的就是讲道理，讲逻辑。

文案不是没有指向和毫无根据的一段文字，它要么主观地传达品牌的观念，要么替受众说出他们想说的话，最终就是让受众借品牌发声，品牌因此和受众互为依赖。

"因为……所以……"是生活中最常见的讲道理的句式之一，没有强势的口吻，没有委婉的修饰，也没有投机取巧，而是直截了当地呈现与品牌有关的因果关系，让受众自己做判断。

不知足，所以无不足。

——宝马 X5

因为顾家，所以爱家。

——顾家家居

因为看见，所以存在。

——微信启动页

因为专注，所以专业。

——中兴手机

我们是第二，所以我们更努力。

——艾维斯汽车租赁

我还在这里，所以，你一定也还在这里。

——国际铂金协会

因为在你穿上高跟鞋的时候，就收起了双脚。

所以，走路成了一件陌生的事。

——NIKE WOMEN

90 > "永/永远……"

传达一种永不改变的坚定信念，既表明品牌的主张，也替受众表达他们内心的某种情怀或态度。

在世间，人们喜欢用"永远"来发表誓言和表明心意，这似乎只与自己有关，而与对方无关。"永远"能让对方感受到信心，或坚定自己的判断，或做出新的决定。所以，这其实也是一种说服对方的方式。

在文案中的"永远"，其实也是一种誓言，表达品牌坚定的信念或不变的初衷，让受众相信和接受品牌。

中华永在我心中。

——中华牙膏

Live young.（永葆童真。）

——依云

永远向爸爸的肩膀看齐。

——中华汽车

钻石恒久远，一颗永流传。

——戴比尔斯钻石

Keep walking.（永远向前。）

——Johnnie Walker 威士忌

永远有更多的人期望得到它。

——凯迪拉克

永远相信，美好的事情即将发生。

——小米

91 > "用……"

要收获就要付出，有行动就有回报。用自己拥有的，换自己想要的。

我们的时间、精力、智慧和情感，都是我们的筹码，用来帮助我们赢得自己想要的一切。

广告是在诱导受众做出相应的行动，或者使他们形成某种认知和态度，品牌则扮演构建认知、态度的媒介。

用品牌表达自我，用品牌陪伴自我，用品牌实现自我。

用爱打败不景气。

——女性购物网站 PayEasy

用实力让情怀落地。

——Jeep

用减法，过出好生活。

——黑松沙士"清爽 der"碳酸饮料

记忆迷了路，用爱找回来。

——台湾失智症协会

用智慧看见那些看不见的事。

——泰国"CPall&7-11 反网络暴力"公益广告

用最贵的眼霜，熬最久的夜。

——网易考拉

用更多金融可能，支持更多美丽人生。

——美利金融

用创意消灭千篇一律，用跨界消灭循规蹈矩。

——一万种可劲造 X David

用自己拼来的一个可能，回敬所有人说的不能。

——江小白

92 > "有……（也/还/更/才）有……"

通过文案阐述一种关系，在这种关系中建立品牌和生活中的事物之间的关系，使品牌真正融入人们的生活。

在很多广告中，品牌都因为没有找到合适的切入点，没有找到品牌与受众日常的关联，导致品牌成为一个孤立的对象。只有在我们看到广告的时候，才能想到该品牌，这其实是广告无效的表现。

我们在生活中无法想起某些品牌，是因为它们只是一家企业的名称或者某一商品的商标而已，它们和我们的日常生活、情感没有建立任何联系，而这正是文案大有作为的地方。

有家有爱有欧派。
——欧派橱柜

有兄弟，才有阵营。
——红星二锅头

有您有俊发。
——俊发地产 20 周年文案

有距离，更亲密。

——宝马情人节文案

有刺，更有魅力。

——台新银行玫瑰卡

心有多野，未来就有多远。

——千里马

湿润的何止是目光，还有心情。

——左岸咖啡馆

既有朝九晚五的踏实，也有浪迹天涯的随性。

——江小白

93 > "有……就（有）……"

有爱，就有家。有梦，就有未来。

这种句式可以凸显前者的重要性，而前者所指向的其实就是品牌的差异点或独特理念。

每一种事物都不是终点，每一个终点都是一个起点。在广告世界中，品牌就是所有起点中的第一个起点，也是所有终点中的最后一个终点。品牌使我们的物质生活丰富和精彩，也使我们的精神生活更丰富。

有团，就有聚。

——王者荣耀

有空间，就有可能。

——别克 GL8

心有多大，舞台就有多大。

——CCTV2

生活有多难，酒就有多呛。

——红星二锅头

有人驱逐我，就有人欢迎我。

——豆瓣用户

有多少杯空，就有多少心空。

——江小白情人节文案

不惧路途遥远，有家就有方向。

——奔驰春节文案

什么地方有"生活"，什么地方就有希望。

——《生活》杂志

94 > "有时候……"

为了让对方感觉自然一点，不那么绝对，我们常常会在观点前面加上"有时候"，以让语气变得温和一点。另外，事物本身也不可能是完全绝对的，所以，为了让尽可能多的受众接受，我们把判断的权利交给受众。

通常，受众对广告本身是排斥和拒绝的，所以，文案必须"说"得好听，让受众愿意听，然后才有机会将品牌诉求巧妙地进行传达。

另外，在生活中，在人们不如意的时候，为了让对方坦然接受现实，走出消极状态，我们也会向对方阐释人生的"有时候"，这种方法很有效。同样地，文案也可以使用这种方法，让受众接受"现实"的不易，继续积极向前。

有时候，坏事也会变成好事。
——阿迪达斯《里奥·梅西篇》

有时候，孤独和关节炎一样疼。
——印度关爱老人公益广告

有时候和我待在家里，比出门更浪漫。
——女性购物网站 PayEasy

有时候知道得太多，反而会活得很难过。
——江小白

人与人的亲密关系，有时不如一件打底衫。
——淘宝服装品牌"步履不停"

有时候，"回家吧"比"我爱你"更像情话。
——贝壳找房 App

有时候，日子过得像浮萍。有时候，生活又必须逆风而行。
——纪录片《航拍中国》

有时候，你想证明给一万个人看，到后来，你发现只得到了一个明白的人，那就够了。
——电影《后会无期》

95 > "与众不同/不同寻常……"

年轻的时候，我们坚信自己与众不同，一定能书写不寻常的人生；年长了之后，我们慢慢接受平凡，安心地过着普通人的普通生活。

所以，和年轻人沟通，就要顺应他们的特点，鼓励他们走与众不同的路，做独一无二的自己。

这其实是年轻人的情怀，年轻人愿意为这样的情怀买单，愿意成为具有情怀的品牌的拥护者。

不走寻常路。
——美特斯邦威

世界因我不同。
——MOTO

有心，世事皆不同
——竹叶青

你未必出类拔萃，但肯定与众不同。
——台湾 104 人力银行

我希望与众不同，只要行动起来。

——耐克

想要无可取代，就必须时刻与众不同。

——香奈儿

你能唱出那么美的声音，就表示上帝对你与众不同。

——台湾大众银行

96 > "原来/本来……"

> 让受众感受自然的力量，回到最初的地方，以初心看待当下的事物。
>
> 深深埋在土壤里的，往往具有最强的生长能量。与其向外比较，修饰自我以寻求认同，不如恢复本真，回到初心，按自己的规律生长。
>
> 如此，我们就能看到事物原来的样子，朴实无华，平淡是真。
>
> 如此，文案笔下的品牌，尽管朴实无华，却充满原生的自然美。
>
> 还有什么比未经修饰的美更美呢？

你本来就很美。
——自然堂

原来生活可以更美的。
——美的

按你本来的样子生长。
——西安欧亚学院

原来爱情就是我正要表白，而你也刚好"正在输入"。

——RIO 锐澳鸡尾酒

原来这世界送给每一个人的，从来都是最好的设定。

——OPPO《与其向往，不如出发》

人间的真话本就不多，一个女子的脸红胜过一大段对白。

——《骆驼祥子》

97 > "越……越……"

越怎么样，就会越怎么样。这是一种自然的相对逻辑，也是简单的教育型句式。我们在很小的时候，就一直在这样的话语中学习和成长，诸如：你越不听话，就越让大人讨厌；你越努力学习，就越能得到奖赏。

朴实的广告，也可以给受众灌输一些简单的相对逻辑，理性地传达品牌的主张，让受众在严谨的逻辑关系中认识品牌。一旦受众认同品牌的主张，就会产生内心的共鸣，对品牌产生好感。

懂越多，会越感动。
——佰草集

你越喜欢，我越可爱。
——《创造101》

看得越多，越想看更多。
——知乎

过程越沧桑，眼神越有光。
——钉钉《酷公司》

你懂得越多，能懂你的就越少。

——江小白

表面越是简单，里面越有学问。

——诗玛表

越是一无所有，越是义无反顾。

——红星二锅头

越是强手，越是喜欢强有力的对手。

——宝马 MINI

年龄越大，越没有人会原谅你的穷。

——蚂蚁金服

98 > "再……（也）……"

在今天，品牌诉求已经不再停留于产品层面，而是表达品牌的一种态度，或者倡导一种更好的生活理念、生活方式。

我们利用"再怎么……也……"的句式，能表达说话的人对对方的重视和内心的诚恳，也能表达坚定不移的信念。

品牌以这样的文案提出诉求，能塑造一种真实、自信和可信赖的形象。

文案越来越难写了，然而文案再难写，也不能阻碍我们写出更优秀的文案。

再忙，也要和你喝杯咖啡。

——雀巢咖啡

相爱难得，就是再难也值得。

——伊利畅轻酸奶"520"《相爱难得》

再小的个体，也有自己的品牌。

——微信公众平台

大众都走的路，再认真也成不了风格。

——Jeep

世界再大，不过是一首歌的距离；世界再小，也能有一寸音乐天地。

——《歌手》

99 > "再来/再一次/下一次/再出发……"

洞察目标受众内心的特殊情感，表达品牌对他们的理解与支持，以取得他们的好感，这是成功文案的不变法则。

积极的人都在不断追求，攀登高峰。然而，人生不如意事十之八九，每个人都难免经历挫折，都需要有人给我们鼓励，将我们从失败的旋涡中拉出来，使我们鼓起勇气，重新出发。

在城市居民已经越来越陌生化的今天，品牌开始扮演起人们的同伴的角色，向人们传达亲情、爱情和友情。城市里的人们也越来越不愿向周围的人宣泄情感，转而在具有不同情感属性的品牌身上寻找寄托。

燃起来，再出发。

——方太燃气灶

每次回家，都温暖了下一次出发。

——微信支付《春运》宣传片

所有的低谷都只为下一次的巅峰崛起。

——雪花啤酒勇闯天涯 superX

再出发。

——别克昂科拉

再一次，为平凡人喝彩。

——央视公益广告

100 > "真正的……"

每一件新的事物真正进入人们的大脑,其实都是在刷新人们过去的认知。

广告如果要将信息灌输进人们的大脑,就必须给人们带来新思想、新观念。

在这个世界上,我们会将事物分为真的和假的。在广告初级阶段,企业总在广告中宣扬自己的产品是"正宗的"。不过,当每个企业都在说自己的产品是"正宗的"的时候,正宗的诉求就没有任何意义了。

如今,广告开始流行"真正的"诉求,它指向的不再是产品本身,而是某种认知理念,间接地传达品牌追本溯源和去伪求真的态度,以使人们另眼相看。

为真正的荣耀干杯。

——芝华士威士忌

好坏都包容,才是真正长大。

——松下抽屉式洗碗机

真正的光芒,需要一点点时间。

——锤子 Smartisan T1

真正的对手，是你最想赢的那个。

——安踏

真正的贫穷，是失去"向上的力量"。

——阿里巴巴

真正爱你的人，会像我这样抱着你。

——电影《小偷家族》

只有母亲和孩子，真正分享过心跳。

——《妈妈是超人第三季》

真正努力过的人，会明白颜值的重要（性）。

——美容仪（京东电器）

不要因为十指间的精彩，忘却了身边真正的风景。

——泰国 DTAC 电信

真的猛士，敢于直面惨淡的人生，敢于正视淋漓的鲜血。

——鲁迅《记念刘和珍君》

真正的安全除了保护自己，也要将安全感给予一路同行的人。

——别克君越

真正的财富不是你口袋里有多少钱，而是你脑袋里有多少东西。

——渣打银行

真正喜欢你的人，24 小时都有空；想送你的人，东南西北都顺路。

——滴滴

101 > "之/的……"

这是一种直截了当的诉求，文案将品牌的目标受众、卖点或个性等以两个关键词进行组合，不伪装，不修饰，不做作。

这种文案适合男性商务群体，也常见于各类汽车文案中，风格简洁明快，具有干练的商务感。

如果以这本书做一个示范，那么它就是"文案之谜"。

王者之御。
——标致

灵感之茶。
——喜茶

赢家的风采。
——切诺基

新君子之道。
——别克君越

普通人的上帝视角。
——遥控小飞机（京东电器）

102 > "之所以……是因为……"

> 品牌站在受众的立场，向周围的人就某种观念进行解释。而品牌也就成了这种观念的倡导者，成为消费者在各种社交场合表现自我的道具。
>
> 品牌时时刻刻在替目标受众着想，因为我们必须在消费者面临的无数选择中成为他们最青睐的那个。我们用商品满足人们普遍的功能需求，而用品牌满足人们特别的情感需求。
>
> 我们利用"之所以……是因为……"的句式，既能通过解释的方式传达某种观念，又能巧妙地将品牌的真实意图通过一种因果关系变得委婉。
>
> 比如，我们之所以自称第二，是因为我们认为我们还有很大的成长空间。
>
> 或者换一种说法，我们从未敢称领先者，因为这个世界没有绝对的领先者。
>
> 这样变相地说自己是第一或者领先者，应该不会被受众排斥吧。

我改变，是因为我想改变。

——《歌手》

你每天都很困，只因为你被生活所困。

——蚂蚁金服

你需要一双好鞋，因为你有许多人要见。

——社交女鞋"烫"

我失恋了，因为他说，我少了女人味。

——SARA SARA 莎啦莎啦香水沐浴露

选择留在这里，是因为还没找到离开的理由。

——搜狐视频《送 100 位女孩回家》

成功与否并不重要，因为这不仅仅是为了自己。

——央视励志广告《再一次》

人不能孤独地活着，之所以有作品，是为了沟通。

——新百伦《致匠心》

我们需要一位实习生，因为之前的那位已经成了 CEO。

——某招聘广告

对于未来，我一点也不担心。因为时光会把我变得更好。

——OPPO Ulike2

我去旅行，是因为我决定要去，并不是因为对风景的兴趣。

——马尔克斯《霍乱时期的爱情》

如果你看到前面有阴影，别怕，那是因为你的背后有阳光。

——全家 *Let's Café* 文案

103 > "值得……"

我们努力地活着，是为了什么呢？

我们配得上我们拥有的吗？我们得到的配得上我们付出的吗？

自古都有天道酬勤及天公不负有心人的道理。今天，品牌为了"讨好"和"取悦"受众，就通过文案把受众描绘成积极向上、智慧过人、努力拼搏和充满爱心的人。这样，受众会在虚荣心被满足的时候，首选广告中的品牌。

这很正常，品牌本身就是用来满足受众的精神需求的。

通常，人们花钱是为了享受，享受那种"值得"的虚荣与优越感。

你值得拥有。

——欧莱雅

每个认真生活的人都值得被认真对待。

——蚂蚁金服

世间所有美好的事，都值得花时间慢慢来。

——青岛啤酒

假如你不值得送 CHIVAS REGAL 这样的礼物，还有谁值得。

——芝华士威士忌

104 > "只……"

> 那些锁定你的品牌，会让你感受到它能理解和包容你，它只喜欢你，只爱你，只属于你。
>
> 另外，文案也常常"不要脸"地"冒充"用户说话，说用户只喜欢广告中的品牌，只选择该品牌。
>
> 还有一些传统的企业，当它们想要突出自己的差异性时，也会强调自身"只"使用某种原料，"只"采用某种工艺，"只"做什么样的产品，"只"提供什么标准的服务。
>
> 它们说的都是真的吗？不知道，反正这都"只"是广告。

只代表你。

——雪佛兰 SPARK

只用鲜花做好饼。

——潘祥记

放下地位，只谈品位。

——水井坊

橄榄油，我只爱欧丽薇兰。

——欧丽薇兰橄榄油

有皱纹的地方，只表示微笑曾在那儿待过。

——[美]马克·吐温

105 > "只……却/但……"

人总有自己的偏见，品牌作为受众的"代言人"，也作为"真理"传播者，需要通过文案为受众或"表明真心"，或"洗清冤屈"，或"伸张正义"，或为世间的万事万物做公开、公正和客观的阐释。

这种方式可以让品牌获得人们的好感。当然，品牌可能还有另一个目的，就是让大家不要对我们的品牌怀有狭隘之心和偏见，大家应该主动看到品牌的努力和存在的价值，支持广告中的品牌。

是的，你只看到这些简单和优美的文字排列，却不知道我常常在凌晨两点和清晨六点一字一句地思考和斟酌。有时，我还依靠咖啡和酒精的刺激，在亢奋的状态中认认真真地敲打出这些文字。而且这样的工作不是一天，而是持续了近四个月。

不过，这不是博取同情，这只是"只……却……"的句式的示范。这种句式真的非常好用，也很管用。

她只是看了你一眼，你却在心里演了场电影。

——网易云音乐用户评论

认识一个朋友只要 3 秒，不醉不归却要够年头。

——青岛啤酒

人只有一辈子，但电影可以让你体验一百万种人生。

——第十放映室公众号

待在北京的不开心，也许只是一阵子。

离开北京的不开心，却是一辈子。

——红星二锅头

106 > "只要……（就能）……"

品牌要鼓励受众做出简单的改变，相信他们想要的都能通过自己的努力实现。

在现实生活中，人们总是畏首畏尾，感觉目标遥远，对脚下遥远而铺满荆棘的路充满恐惧。本质上，人都是孤独和脆弱的，需要来自身边的人的激励，让他们不会感到孤单和害怕。

品牌能通过鼓励性的文案，得到受众的"依赖"，成为受众人生路上的良师益友。放胆去做，只要你上路了，就一定会有惊喜出现。

只要你想。

——联想

只要有梦，你会红。

——泫丰洋酒

只要有梦想，凡事可成真。

——香港电信

只要步履不停，我们总会遇见。

——淘宝服装品牌"步履不停"

只要有光，就能点亮前行的脚步。

——奥迪 TT

只要心中有沙，哪里都是马尔代夫。

——途牛旅游

只要和你在一起，爱在哪里就在哪里。

——滨江南楼盘

只要一家人在一起，走到哪里都是团圆。

——爱彼迎

只要心够决。

——耐克《只要心够决》

107 > "只有……"

说服总是伴随着强调。万事万物其实都很简单，品牌的诉求其实也就是人们某种需求的某一个切入点。

而生活中的人们，总是会被庞杂的信息和复杂的变化扰乱认知和判断，让我们把时间和精力花在没有意义的事务上，忽略了本该重视和在乎的东西。另外，面对复杂的环境，我们对内心的认知变得不确定，反而向外界寻求指引和解答。

文案诉求就是要掌握受众的心理和行为特征，让人们学会抓住根本，删繁就简，返璞归真。

只有天空在你上面。
——房地产广告

这世上只有一种病，穷病。
——电影《我不是药神》

昨天的我和今天的我，只有一书之差。
——日本集英社某读书活动

别人问我飞得高不高，只有她，问我飞得累不累。

——QQ 邮箱母亲节文案

在世界范围内的交流，只有音乐和巧克力不受语言的限制。

——日本乐口巧克力糖

108 > "终究/最终/总会……"

在浮躁和焦虑的世界里，每个人都在奔跑和追求，担心跟不上时代，被世界抛弃，总感觉时间过得太快，想要的始终得不到。

受众面临的困扰不会逃过文案的眼睛，文案总能把受众的心带到一个花香四溢、美好无比的境地，让受众坦然地面对变化，面对得失。

一旦了解受众的需求和弱点，就能安慰他们，抚平他们的伤痕，让他们安然自在地活在原本美好的世界里。、

爱不释手，终究慨然放手。

——方太

睡好美容觉，会来的总会来。

——钱皇蚕丝被

如果杰出人物确实有其先进之处，他终究是一个杰出者。

——苹果公司

生活，终究会成（为）一首诗。

以诗歌和春光佐茶。

——饮冰室茶集

妈妈的小棉袄，最终却并没有变成她的防弹衣。

——爱帝宫母婴中心母亲节文案

图书在版编目（CIP）数据

一句封神 : 1 句话胜过 100 个销售高手 / 尹雨诗，汪豪著. -- 北京 : 电子工业出版社，2025. 3. -- ISBN 978-7-121-36422-8

Ⅰ. F713.3

中国国家版本馆 CIP 数据核字第 2025NT9899 号

责任编辑：黄　菲　　文字编辑：刘　甜

印　　刷：三河市鑫金马印装有限公司

装　　订：三河市鑫金马印装有限公司

出版发行：电子工业出版社

　　　　　北京市海淀区万寿路 173 信箱　　邮编　100036

开　　本：720×1 000　1/16　印张：14　　字数：182.4 千字

版　　次：2025 年 3 月第 1 版

印　　次：2025 年 3 月第 1 次印刷

定　　价：68.00 元

凡所购买电子工业出版社图书有缺损问题，请向购买书店调换。若书店售缺，请与本社发行部联系，联系及邮购电话：(010) 88254888，88258888。

质量投诉请发邮件至 zlts@phei.com.cn，盗版侵权举报请发邮件至 dbqq@phei.com.cn。

本书咨询联系方式：1024004410（QQ）。